ANTIGONE

BY

JEAN ANOUILH

EDITED BY

W. M. LANDERS Ph.D.
FORMERLY SENIOR LECTURER IN FRENCH
KING'S COLLEGE LONDON

MODERN WORLD LITERATURE SERIES

Nelson

Thomas Nelson and Sons Ltd
Nelson House Mayfield Road
Walton-on-Thames Surrey
KT12 5PL UK

51 York Place
Edinburgh
EH1 3JD UK

Thomas Nelson (Hong Kong) Ltd
Toppan Building 10/F
22A Westlands Road
Quarry Bay Hong Kong

Thomas Nelson Australia
102 Dodds Street
South Melbourne
Victoria 3205
Australia

Nelson Canada
1120 Birchmount Road
Scarborough Ontario
M1K 5G4 Canada

First published by Harrap Limited 1954
ISBN 0-245-52121-6

This edition published by Thomas Nelson and Sons Ltd 1986
ISBN 0-17-444338-2
NPN 9

Printed in Hong Kong

CONTENTS

INTRODUCTION

The Background

The Second World War did not, as might have been expected, make a clean break in the evolution of the French theatre. After the first shock of defeat and occupation, an astonishing boom in theatrical activity ensued; the Germans decided to make Paris a recreation centre for their troops, deliberately encouraged the theatres to re-open, and soon the Parisian public, seeking perhaps a source of collective spiritual comfort in that grim winter of 1940–41, were making their way through the cold and darkness to the theatres of the city. There were few counter-attractions. The cinema was handicapped by a shortage of films, while the stage had the added charm of providing covert and skilfully worded allusions to the occupying authorities and to contemporary events. The censorship was strict, and many of the plays produced were of propaganda value only, but despite the self-imposed silence of several leading writers, plays of genuine worth were soon in production, and both managements and public responded to the efforts of those who preferred that the theatre should live. By the end of 1940 more than thirty playhouses were active again, and by 1941 receipts had reached an unprecedented peak.[1] The *Antigone* of Jean Anouilh, produced for the first time at the Théâtre de l'Atelier in February 1944, was played no fewer than 475 times. It is one of the ironies of history that France in her darkest years should have seen her theatres prosper, but is it, after all, so surprising that her creative genius should have risen again so quickly from the very ashes of despair?

[1] Leo O. Forkey, *The Theatres of Paris during the Occupation*, in *The French Review*, Feb. 1949, pp. 299, 301.

The *Antigone* of Jean Anouilh stems mainly from that great *avant-garde* movement which, gathering force after 1918, had set out to raise the standards of public taste, the movement which, thanks to such producers and actor-managers as Copeau, Baty, Dullin, Lugné-Poë, Pitoëff and Jouvet, had by 1939 imposed its values upon the serious Parisian stage. The extent of the change may be gauged from the fact that during the Occupation no less a play than Claudel's *Le Soulier de Satin* held audience after audience enthralled for five hours at a sitting.[1] For the gulf is enormous between the latter work, with its heroic theme and poetic form, and the typical commercially successful play of the turn of the century. From the outset the *avant-garde* had opposed the accurate, detailed reproduction of everyday reality in which settings, properties and dramatic action combined to provide a complete illusion of everyday urban—and even suburban—existence. The new movement had turned its back on realism and naturalism in favour of the drama of ideas and poetic fantasy. By the eve of the recent war there was no doubt as to the nature of the current trend, and the success of Dullin's Shakespearian productions confirmed the now generalized reaction against the drama of everyday life and the psychological complications of the Eternal Triangle. But it was the outstanding achievement of Jean Giraudoux that set its particular stamp on the theatre of the inter-war period. Few who saw those productions of *Amphitryon 38*, *La Guerre de Troie n'aura pas Lieu*, *Électre* and *Ondine* will forget his graceful excursions into a world of intellectual and poetic fantasy, and it will no doubt be a long time before they meet again with a virtuosity capable of tracing verbal patterns of such subtle and intricate beauty. From our point of view, the work of Giraudoux is of special import-

[1] Georges Pillement, *Anthologie du Théâtre français contemporain*, vol. 1 (Éditions du Bélier, 1945), pp. 7–8.

ance, for it was he (and Jean Cocteau) who accustomed the modern Parisian public to the fanciful exploitation of classical antiquity and thus prepared the way for the *Antigone* of Anouilh.

But the commercial theatre of the boulevards was far from dead, and the principal popular forms of play (catering mainly for a middle-class audience) were still the *drame*, with its use of dramatic tension and actual or potential violence to remind us of its kinship with the melodrama of an earlier day, the *vaudeville* with its headlong whirl of jealous husbands and hastily hidden lovers, and finally the *comédie* in which the tireless Sacha Guitry continued to shine in his inimitable style. One of the outstanding features of the kind of play in which Anouilh was to make his name was the fact that it grew at once from the *avant-garde* and the boulevard theatre. And this is true not only of Anouilh's earlier plays but of Salacrou's *Les Fiancés du Havre*, Sartre's *Huis clos* and *Le Malentendu* of Albert Camus, to mention only three works by contemporary dramatists which draw their vitality as much from the popular theatre as from the more serious medium provided by the *avant-garde*. Here the theatre of contemporary France resembles the Romantic theatre of the eighteen-thirties. When Hugo fought for a new blending of comedy and tragedy, for the partial abolition of the unities, the integration of the grotesque and the retention of verse in the *drame*, he was moving towards a synthesis of popular and sophisticated art, a synthesis which seems to have reappeared in the theatre of Anouilh, Salacrou, Sartre and Camus, as well as in the verse of Aragon and Éluard and in the kind of novel associated, in France as well as in England, with the name of Graham Greene. It is unwise to generalize too much in this respect, but it would seem as though art had to draw periodically on the vitality of popular forms, as if the contrary trend towards ever-increasing sophistication, refinement and *préciosité* led in time to a certain thinning of the blood.

The Plays of Anouilh

As for Jean Anouilh, it is only since the War that his name has become familiar in England, but the man who can now claim to be France's leading playwright is by no means a new arrival, a product of the War years like Camus or Sartre. It was admittedly with *Antigone* that he became a dramatist of international repute, but the fact remains that a play of his, *L'Hermine*, was staged at the Théâtre de l'Œuvre in 1932. *Antigone* came after a succession of plays that had already made their author a figure of some importance in French theatrical circles. But this modern variation on an ancient theme is the play towards which the whole of Anouilh's earlier work was apparently tending, and if, since 1944, he has frequently tried to strike a different note, persistent echoes remind us of that tragic young heroine whose gesture of refusal seems to symbolize the philosophy of practically every play that Anouilh has so far made.

He has grouped his earlier works into two categories: *Pièces noires* and *Pièces roses*, plays with tragic endings, plays with happy endings. All have one remarkable feature in common: their characters conform to a curious pattern of thought, feeling and behaviour, a pattern so uniform that their creator has been accused of having one subject, and one subject only, to which he returns in play after play with undiminished zeal. This pattern in almost every case involves a moral choice, an act of refusal and a rejection of certain values.

In *L'Hermine*, for example, a *drame* written in 1931 and showing close affinities with the melodramas of the Grand Guignol, the "hero" murders a wealthy duchess in order to marry the young heiress, confesses at the crucial moment and allows his happiness to slip through his fingers. Here the refusal is of a conventional kind and is grounded in logic—of a sort. It is still conventional in *Le Bal des Voleurs* (1932),[1] in which a handsome thief repents of his misdeeds, is pardoned, and "recognized" by his wealthy victims as the Spanish grandee whose name he has borrowed for the occasion. But in *Jézabel* (1932), the blackest of the *Pièces noires*, the Anouilh hero for the first time says "No" to a perfectly legitimate chance of happiness; Marc refuses his rich and attractive fiancée to remain with the monster of criminal depravity who is his mother and with whom he finds himself caught up in a terrible mixture of loathing and love. A similar situation occurs in *La Sauvage* (1934), which, until the arrival of *Antigone*, was for most critics the corner-stone of Anouilh's work in the theatre. Here the heroine, Thérèse, the daughter of the vulgar and irrepressible Père Tarde and his hard, flashy wife, is engaged to Florent, a wealthy and talented pianist; she comes to realize the enormous gulf that separates her from her fiancé, does her utmost to turn him against herself and her sordid background, and finally, when Florent's love holds good, sets out alone, "toute menue, dure et lucide, pour se cogner partout dans le monde."

The remaining plays by Anouilh continue this pattern of refusal and rejection. In *Y'avait un Prisonnier* (1934) the hero, a returned ex-convict, rejects the comfort and security, the cowardice and general mediocrity of a society gone to seed. Even the happy endings of the lighter plays continue to emerge through an act of refusal. In *Le Voyageur sans Bagage* (1936), for example, the young ex-soldier who

[1] Except where otherwise stated, dates refer to the years in which plays were written. See the recent work by E. O. Marsh, *Jean Anouilh, Poet of Pierrot and Pantaloon* (W. H. Allen, 1953).

has completely lost his memory deliberately refuses to recognize his former family or to acknowledge his real identity when he learns the horrible details of his former life. Here again, as in *Le Bal des Voleurs*, happiness is achieved through a trick—in both cases through a lie—just as in *Le Rendez-vous de Senlis* (1937) and *Léocadia* (1939) it is achieved through a process of play-acting and comforting illusion. *Eurydice*, however, written and produced in 1941, foreshadows *Antigone* in two important respects: for the first time the author draws his material from classical antiquity, and for the first time he presents death as the only alternative to the anguish of human unhappiness. Eurydice, unable to stand the jealous suspicions of Orpheus, leaves him, only to be accidentally killed. She is permitted to return from the dead and to rejoin her lover, but Orpheus is soon entangled again in suspicion and jealousy; as in the original myth he fails to observe the conditions of the supernatural compact, the spell is broken and Eurydice disappears. A mysterious stranger teaches Orpheus that life is an absurd melodrama and that Death comes as a friend; Orpheus walks out to the quietness of an olive grove, to kill himself and to emerge from life into the waiting arms of Eurydice.

And so, with this latter play, only three years before the production of *Antigone*, the pessimism of the *Pièces noires* was already nearing its ultimate point of development. *Antigone* is in fact the final working out of a long process in which the characters of Anouilh's theatre strive to free themselves from the matrix of habit, custom and human relationships in which they are embedded. Beginning with those obstacles to happiness and fulfilment which are inherent in society and as it were external to the individual, the dramatist had shown first the limitations imposed by poverty; Frantz, the young murderer in *L'Hermine*, kills his victim in order to overcome the *barrière d'argent* that confronts him and to keep his love *une chose immaculée.* Thérèse, in *La Sauvage*, identifies poverty with the moral squalor of her former life, the squalor that stands between herself and Florent. At the same time Anouilh turns to the inner zone of what he sees as the prison of existence, the zone of the family; here he finds a private hell of selfishness, mutual exploitation and maudlin sentimentality. Marc (the son of *Jézabel*) is tied to his wretched mother by the most powerful of bonds. Thérèse makes horrible efforts to harden her heart and reject her sordid family and friends, but as she faces them with the cry of anguish, "Vous voyez bien que je n'en peux plus de vous porter dans mon cœur," it is clear that the human tie is far too strong. Admittedly, the grip of the family is broken in *Le Rendez-vous de Senlis*, but the happy dénouement merely projects us into the make-believe world of the *Pièces roses.*[1] It is true that the bond is one of affection in *Léocadia* and of mingled pity and tolerance in *Eurydice*, but only, it would seem, because in the latter play Anouilh has turned his attention to bonds and limitations more subtle and more powerful still. These are of two kinds. First there is the bond of habit that ties the self-regarding mind to the other self, the frustration of a humanity turning in upon itself to reshape itself in accordance with its own mysterious imperative. Secondly, deeper still beneath the surface of personality, down in the shifting sands of the inner self, he finds the supreme check on the human effort towards purity and truth—the human ego's inherent lack of unity.[2] It may be that Anouilh has borrowed this theme from Pirandello; it is a fact that at this stage he turns to

[1] The unwanted characters are finally projected from the stage—through a trap-door!

[2] *Cf.* H. Gignoux, *Jean Anouilh* (Paris, Éditions du Temps présent, 1946), pp. 58–60, and R. O. J. Van Nuffel, *Jean Anouilh*, in *Rivista di Letteratura Moderne*, March–June 1948, pp. 79–81.

death as the only escape from a conflict in which he seems to see the issue as decided in advance, as though the scales were from the outset weighted against the human will.

This, then, is the pattern that constantly appears in the plays of Anouilh, with their regular rejection of life as it is and their curiously uniform gallery of human types: the genial father with his shallow *bonhomie* and his flyblown philosophy of life, the hard-eyed mother and her seedy paramour, the eccentric and devastating duchess, the pontifical butler or head-waiter, the sons and daughters (the *fistons* and *fifilles*) and above all the young rebels, the harum-scarum anarchists whose bid for freedom and self-fulfilment so often provides the power that drives the play along. It is worth noting, with *Antigone* in mind, that the standards involved are usually negative; the heroes and heroines of Anouilh hate hypocrisy, compromise, mediocrity and vulgarity, they despise the cleverness that life seems to demand—"cette science d'exister" for the lack of which Balzac's *Curé de Tours* ended his days in misery and ruin—they spit on *les malins, les habiles*, on all those for whom life is a long calculation of risks, profits and losses. Here they are at one with the French Romantics of the previous century, many of whom condemned these things in the name of an anti-bourgeois crusade. But it is a remarkable fact that Anouilh never points to a political solution, not even in *La Sauvage*, with its bitter satire on middle-class complacency and its pathetic picture of exploited poverty. When Thérèse runs to the little dressmaker's assistant to greet the astonished girl with the cry: "Je te demande pardon pour ma robe, Léontine," she is in no sense a modern militant with a programme of reform; she has no cure for the wrongs of society, and the question of righting them never arises throughout the play. Such a plea for forgiveness might suggest the psychology of religion, and there may be some truth in M. Gignoux's claim that the plays of Anouilh are based on the highest spiritual values; their positive element is clearly a cult of sincerity, of purity even.[1] "J'ai honte" is certainly a key-phrase in the work of a dramatist whose plays seem to burn with the sense of a fall from grace.[2] But it is obviously absurd to treat Anouilh, as certain critics have done, as a Catholic in spite of himself.[3] Except in the cynical mockery of *Roméo et Jeannette* (1945) his work never suggests a divine awareness of the human predicament, while the reactions of his characters to the situations in which they become involved derive not from a religious sense but from a derivative of one, not even from a purely moral sense but from a sense of fitness in which the notion of personal style or *panache* becomes their major standard of judgment. Their actions are grounded in aesthetic rather than ethical considerations; they are ruled by a sort of fastidiousness, turning against their environment not because they see it as evil but because they see it as ugly. The word *laid* is in fact their favourite epithet in their quarrel with the world.

"*Antigone*"

To turn at last to our text, what use has M. Anouilh made of the legend handed down to us by Sophocles and Æschylus? The substance of the original story remains. The scene is set in the city of Thebes; when the curtain rises the prophecy of the Delphic Oracle has been fulfilled, and Œdipus, having killed his own father and married his mother, has died, blind, and in exile. His two sons, Eteocles and Polynices, have quarrelled over their respective claims to the throne of Thebes; Polynices having fled to Argos has returned with powerful allies to make war on

[1] H. Gignoux, *op. cit.*, p. 49.
[2] Jacques Carat, *Délivrance d'Anouilh* in *Paru*, April 1947, p. 41.
[3] R. O. J. Van Nuffel, *op. cit.*, p. 86.

the city, and now both he and his brother have perished, locked in mortal combat. Jocasta, mother of Œdipus, has died by her own hand, and her brother, Creon, has assumed control of the State. He has ordered that the body of Eteocles be buried with the pomp befitting his rank, but that the body of Polynices be left lying outside the walls, to be devoured by birds and beasts of prey. Whoever attempts to bury the body shall be put to death. Of the blood of Œdipus, only his daughters remain: the faithful Antigone, who accompanied her father on his wanderings, and her sister Ismene. Antigone is betrothed to Hæmon, the son of Creon. Such is the story which Jean Anouilh has taken over from Sophocles (*Œdipus the King*, *Œdipus at Colonos*, and *Antigone*) and from Æschylus (*Seven against Thebes*). The action of the present text corresponds in its general lines to the *Antigone* of Sophocles.

We are immediately struck, however, by the bold modernization of theme and action. Just as Cocteau introduced into his play, *Orphée*, in 1926, an operating theatre and a talking horse (the latter was replaced by a radio transmitter in the screen version), just as Anouilh himself set the opening scenes of *Eurydice* in the refreshment room of a railway station, so he presents us now with a Creon in shirt sleeves, an Antigone served with hot coffee and *tartines*, a Polynices with a taste for fast cars and the fashionable drinking haunts, an Argive host whose gold is "frozen" in Thebes, and so on. What is the point of such anachronisms? In the Introduction to his edition of Cocteau's *La Machine infernale*, Professor A. M. Boase raises a similar question in relation to the whole problem of the revival of ancient myths in the modern theatre. The dramatist, he writes, turns to these sources because the modern mind has learned to interpret myths as the expression of certain eternal truths—*de véritables révélations sur la nature humaine.* Professor Boase continues:

Le mythe—cette "explication poétique" de la condition humaine—a une valeur encore plus précise pour le dramaturge moderne. Sauf dans le domaine du comique, l'intérêt de la surprise—de ce qui va se passer—commence a être dédaigné. S'émouvoir en faveur des personnages fictifs qui n'ont pas une valeur symbolique paraît de plus en plus un abus de notre capacité de nous laisser attendrir dans une époque où l'atrocité du sort de tant d'êtres réels sollicite notre sympathie. Et pourtant atteindre le niveau symbolique en utilisant ces êtres anonymes, Madame Y., Monsieur Un Tel, le Vieillard, l'Ouvrier ou le Banquier, est une solution qui présente des désavantages trop faciles à discerner. Le sujet mythique offre une meilleure solution. Surtout pour le dramaturge qui cherche à échapper à la formule de la pièce réaliste. Car ici le public connaît les données de la pièce. Il sait ce qui attend Agamemnon ou Macbeth, même s'il ne connaît pas le lieu ni l'instrument de leur mort. Et ces êtres possèdent déjà à la fois une valeur symbolique et une certaine individualité qu'il reste à l'auteur d'exploiter.[1]

Might it not be, however, that when dramatists like Anouilh, beholden as they are to the popular theatre, deliberately set out to modernize such myths, they are seeking to provide not only the pleasurable shock of novelty, but a means whereby a public no longer familiar with the classics might more easily bridge the gap between past and present, and more clearly discern the strivings of mankind behind the archetypal symbols of antiquity?[2]

A similar sensitivity to the needs of the modern audience seems to underlie the long speech by the Prologue describing the special characteristics of tragedy. The earlier *Pièces noires* had much in common with the popular *drame*;

[1] Jean Cocteau, *La Machine infernale* (Nelson, 1944), pp. 8–9.

[2] Cocteau had used a modern idiom in his translation of the original *Antigone* (published Gallimard, 1928), but Pirandello in his *Henry IV* (1922) had obtained comic effects from the combination of antiquated costume and modern colloquialisms.

now the author is at pains to explain how *drame* and tragedy differ, how in tragedy the mechanism of the plot draws all its motive force from the data provided in the initial situation, how thereafter the spring is wound up, so that the machine—the "Infernal Machine" of Jean Cocteau—operates thenceforward with no need of assistance from outside agencies. The essence of tragedy lies in the certainty that there will be no escape, no last-minute reprieve. Accidents and coincidences—the tricks of the *drame* and the *mélodrame*—are barred. It makes no difference as to who is killed or who does the killing; *c'est une question de distribution*, it all depends on the part for which we have been cast. The influence of Pirandello is often mentioned in connection with Anouilh, and here we have a characteristically Pirandellian fusion of theatre and life, reminiscent of *Six Characters in Search of an Author*; there is admittedly much in Anouilh to remind us of Pirandello's *Henry IV*, in which Fate makes marionettes of men, forcing them to act their respective parts in the drama of life. Pirandello may well have made Anouilh more sharply aware of his own fatalistic trend; certainly it appears in his own work at an early date. Here, in the tragedy of Antigone, he insists on the inevitability of all that occurs, and surely this is the final outcome of that long conflict in which his various characters make their stand for freedom. But how does this fit in with Antigone's victory over Créon and over life? Surely she chooses death freely, and despite the resistance of a Créon determined to save her from herself? The explanation is, I think, that by now Anouilh has come to see even the refusal, the revolt and the self-liberation as something preordained, as Sénancour's *Obermann* came to define "l'inexplicable nécessité des choses humaines" in that memorable phrase: "Le grand mal est d'être forcé d'agir librement." This seems to be suggested at various stages in the play.

The Prologue strikes this note as the curtain rises to reveal the characters waiting in groups for the play to begin:

> Antigone, c'est la petite maigre qui est assise là-bas, et qui ne dit rien. Elle regarde droit devant elle. Elle pense. Elle pense qu'elle va être Antigone tout à l'heure, qu'elle va surgir soudain de la maigre jeune fille noiraude et renfermée que personne ne prenait au sérieux dans la famille et se dresser seule en face du monde, seule en face de Créon, son oncle, qui est le roi. Elle pense qu'elle va mourir, qu'elle est jeune et qu'elle aussi, elle aurait bien aimé vivre. Mais il n'y a rien à faire. Elle s'appelle Antigone et il va falloir qu'elle joue son rôle jusqu'au bout... Et, depuis que ce rideau s'est levé, elle sent qu'elle s'éloigne à une vitesse vertigineuse de sa sœur Ismène, qui bavarde et rit avec un jeune homme, de nous tous, qui sommes là bien tranquilles à la regarder, de nous qui n'avons pas à mourir ce soir.

This overlapping of reality and theatrical illusion is again reminiscent of Pirandello, but the device seems to serve a positive purpose in suggesting the predetermined working of the "Infernal Machine." Both Antigone and Créon seem aware of the fact that each is playing a "part." "Ne vous attendrissez pas sur moi... Faites ce que vous avez à faire," cries Antigone, "... Je suis là pour vous dire non et pour mourir." And Créon speaks in similar terms: "J'ai le mauvais rôle, c'est entendu, et tu as le bon... Mon rôle n'est pas bon, mais c'est mon rôle et je vais te faire tuer." And when Antigone, Hémon and his mother are dead, the Chorus adds:

> Et voilà. Sans la petite Antigone, c'est vrai, ils auraient tous été bien tranquilles. Mais maintenant, c'est fini. Ils sont tout de même tranquilles. Tous ceux qui avaient à mourir sont morts... C'est fini. Antigone est calmée maintenant, nous ne saurons jamais de quelle fièvre. Son devoir lui est remis. Un grand apaisement triste tombe sur Thèbes et sur le palais vide où Créon va commencer à attendre la mort.

Son devoir lui est remis, she is now absolved from her duty, as though in some obscure way all the roads of her life had converged on the fatal cave. Thus the dominant bias of the earlier plays finds its natural expression in the inexorable movement of tragic action towards its appointed end.

Not only has Anouilh modernized the theme and action, not only has he provided the modern spectator with a working theory of tragedy, he has humanized the play by substituting for the awe-inspiring figures of the Greek theatre characters more ordinary, more vulnerable and more easily transposed into the everyday world of our time. The heroine is something of a tomboy, and something of a child, a child who has dreamed of the day when she might be "une maman toute petite et mal peignée," a child who in spite of herself is afraid of that outer darkness into which she is soon to be thrust. The King appears as a tired, courageous man whom no one understands and no one can help, a heart-broken father walking away, as the curtain falls, to face yet one more Cabinet meeting. If Anouilh has refrained, understandably perhaps, from using that great scene in which Sophocles makes Creon enter with his dead son in his arms, he has nevertheless made sure that his play will be as much the tragedy of the King as the tragedy of Antigone. The humanization process is equally obvious in the case of Hémon. He remains a sketchy, almost empty character until the clash with his father—a clash from which the political argument of the Greek original has been entirely removed—and then, before his father's gentle but obstinate refusal to reprieve Antigone, the son suddenly crumples up and cries aloud in his anguish:

> Père, ce n'est pas vrai! Ce n'est pas toi, ce n'est pas aujourd'hui! Nous ne sommes pas tous les deux au pied de ce mur où il faut seulement dire oui. Tu es encore puissant, toi, comme lorsque j'étais petit. Ah! je t'en supplie, père, que je t'admire,

que je t'admire encore! Je suis trop seul et le monde est trop nu si je ne peux plus t'admirer.

The theatre of Jean Anouilh seems positively haunted by the unhappy figures of lonely, despairing children, and the introduction of this characteristic element into the tragedy of *Antigone* profoundly alters the general impact of the play.

But the greatest difference between the Greek original and the French version is in the matter of philosophic content. In Sophocles, Antigone tries to bury her dead brother for reasons of conscience, because she believes in the Gods and because the very idea of a body left unburied was repellent to the Greek mind. She appeals not only to the divine law and to the judgment of the dead, but to the law of man; she knows that she is in the right and the Theban populace are on her side. In Sophocles Creon is a straightforward tyrant and when at last he is brought to his knees he is clearly being punished for his sins of pride. In the modern version the King is in some ways a sympathetic character, who might be presented on the stage as nothing worse than a benevolent dictator with a strong sense of duty. Here the crowd is all for Créon, and even Ismène claims to understand her uncle; he is the King and must set an example. The moral forces in conflict are thus deliberately balanced against each other. But there is a further difference. In Sophocles we witness a clash between two different conceptions of *government*, between tyranny and justice—even a measure of freedom—whereas in the French play there is no question of any alternative to Créon's régime, no question of reform, no question of changing or trying to change the practical context of existence. It is all or nothing, life as it is or simply death. Créon could have refused the crown, and he chose to accept it, but the idea of a better system of government never enters the play. Antigone has no thought of changing the world; she merely contracts out. The universal values, the principles of piety and justice on which the Greek play is based, are lost beyond recall in Anouilh's version, and we are left with a conflict of a very different character.

This conflict involves once more the Refusal and Rejection—of love, family ties, happiness and life. For whose sake, demands Créon, is Antigone determined to resist his will, to bury her brother at the cost of her life? For whom? And the answer comes, "Pour personne. Pour moi." Créon has demolished the religious scruples which she half-heartedly professes, or pretends to profess; he has tried physical brutality, and then affection of a sort—but with no result. Stung by her contempt, he has even tried to defend himself and his acceptance of political power: the ship was sinking, the crew were looting the hold, the officers preparing to abandon the vessel; someone had to take charge, shout an order, open fire at the first sign of disobedience:

> Pour dire oui, il faut suer et retrousser ses manches, empoigner la vie à pleines mains et s'en mettre jusqu'aux coudes. C'est facile de dire non, même si on doit mourir. Il n'y a qu'à ne pas bouger et attendre. Attendre pour vivre, attendre même pour qu'on vous tue. C'est trop lâche. C'est une invention des hommes. Tu imagines un monde où les arbres aussi auraient dit non contre la sève, où les bêtes auraient dit non contre l'instinct de la chasse ou de l'amour? Les bêtes, elles au moins, sont bonnes et simples et dures. Elles vont, se poussant les unes après les autres, courageusement, sur le même chemin. Et si elles tombent, les autres passent et il peut s'en perdre autant que l'on veut, il en restera toujours une de chaque espèce prête à refaire des petits et à reprendre le même chemin avec le même courage, toute pareille à celles qui sont passées avant.

Then comes the hammer-blow, as Créon reveals to his

niece the true character, the baseness and brutality of the brother in whose name she is willing to die. The shock leaves her numbed and almost speechless; she is beaten, broken, entirely passive; the initiative has passed into Créon's hands. And it is now that he makes his fatal mistake: he gives Antigone some good advice. She must marry Hémon, have children, make the most of the simple things of life: in other words, find happiness. And here, at the word *bonheur*, the mechanism of Refusal and Rejection operates once more, Antigone flares up in a fury of contempt, to tear into rags and tatters what she sees as a safe, humdrum, unheroic and uninspired existence of compromise and concession, until, forced into action by the sheer venom of her taunts, the King calls in the Guard.

The conflict of Antigone and Créon might be credited with wide implications. It could be interpreted as a clash between realism and idealism, between the principle of *engagement* and that of retreat from the world, between the will-to-power on the one hand, and, on the other, that flight from life, that longing for the peace of oblivion which the Freudian psychologists term the death-wish. It would be possible to link Antigone's philosophy with that nineteenth-century pessimism which finds its characteristic expression in Alfred de Vigny and Leconte de Lisle. But sooner or later the analyst is forced into guesswork, for in the case of Antigone as in the case of the King the argument is wholly gratuitous, and although the conflict turns on a point of principle, on a moral choice, neither argues in logical terms. Créon's plea for a sort of "Everlasting Yea" and his example of the will to live of animals and trees, begs the question entirely, since neither animals nor trees are faced with the necessity of making moral judgments. Antigone's assumption that happiness must involve humiliating concessions is equally dogmatic. It is true that the word *bonheur* might suggest an old hedonistic tradition flowering in the thought and literature of the eighteenth century, reviving with Stendhal and gradually decaying in the popular literature of today. Both Créon and Antigone express too, in different ways, a certain voluntarism or cult of the will, which again occurs in Stendhal and in a number of contemporary authors. Both Créon and Antigone find a kind of fulfilment in making an act of will, Créon in accepting the crown and all the 'dirty work' that goes with it, Antigone in rejecting her chance of life and happiness. For whom does she choose to die? "Pour moi. Pour personne" is her answer, and we suddenly realize that the *devoir* from which death releases her is akin to the *devoir* of Stendhal's Julien Sorel—the duty to achieve a sort of self-fulfilment through an act of will (more or less what Gide has called an *acte gratuit*), an act which in the case of both Julien Sorel and Antigone means submitting the ego to a self-imposed ordeal. Créon, too, has done what he has conceived to be his duty, and his acceptance of authority is again an act of will, less pure than that of Antigone, since it involves at least a form of fidelity to something that he, Créon, calls life, but here as in the case of Antigone the decision and the act of will have been largely emptied of moral content. Créon accepts life—on its own terms—while Antigone rejects it, and their respective reasons remain entirely subjective, just as their attitudes on either side remain grounded in unvoiced assumptions and emotional responses rather than in the logic of rational thought.

It is for this reason that the play occupies a unique place in the history of the modern theatre. When it was first produced in occupied France it was natural that many should see it as a covert satire on contemporary events. For some the play was a tribute to the spirit of Resistance, with Antigone representing the "No" of all that was best in France to the allurements of Collaboration. But

Anouilh's deliberate effort to balance the forces in conflict, and the manner in which the protagonists present their arguments, produced an inevitable ambiguity in the message of the play, an ambiguity which immediately drew fire from several quarters at once. Certain critics saw Créon, the dictator and the opportunist who stands for Order at the expense of Truth, as the real hero of a Fascist play.[1] The fact that *Antigone* had been passed by the Occupation censorship and subsequently praised by such pro-German papers as *Je suis partout* seemed significant to Resistance critics; the play was roughly handled in a number of clandestine tracts[2] and attacked after the Liberation by the review *Les Lettres françaises*.[3] As a result of these special circumstances criticism of *Antigone* had been bedevilled from the outset by political factors, but it is true that the major critics, whatever their beliefs, have made some interesting reservations regarding the content of the play.

Antigone has been condemned especially as a criticism of life. On the one hand we have Catholics like M. Gignoux pointing out that neither Antigone nor Créon stands for a really legitimate point of view, with the result that the problem of Freedom and Order is never presented with adequate force; in fact the real point is missed. Antigone's argument, writes M. Gignoux, is expressed in purely subjective terms; she confuses sincerity with truth. Créon, with his cynical acceptance of the "dirty work" of politics, is a leader unworthy of the name.[4] Créon's conception

[1] This interpretation is firmly rejected by critics like M. Gilbert Mury (*Anouilh devant l'Action*, in *Poésie* 47, December 1946, p. 103), and M. Gabriel Marcel (*De Jézabel à Médée. Le Tragique chez Jean Anouilh*, in *La Revue de Paris*, June 1949, p. 107).

[2] Pol Gaillard, *Pièces noires*, in *La Pensée*, new series, No. 1, October, November, December 1944, p. 110.

[3] E. O. Marsh, *Jean Anouilh, Poet of Pierrot and Pantaloon*, W. H. Allen, 1953, pp. 23–24.

[4] *Jean Anouilh*, p. 110.

of his rôle as head of the State, adds Gilbert Mury, is only a *caricature d'action.*[1] The Christian existentialist Gabriel Marcel reproaches the play for its lack of a positive message, and the author for having thrown overboard the values and the spiritual content of the Sophoclean tragedy. Here we have, according to M. Marcel, "le vice interne de la pièce," as a result of which the heroine's sacrifice "se réduit à un pur non-sens."[2] Left-wing critics have chimed in with oddly similar complaints. Pol Gaillard sees Antigone's gesture of refusal as entirely devoid of human value and her final "Je ne sais plus pourquoi je meurs" as expressing no more than an "entêtement de sotte." Antigone thus dies for nothing; Créon survives, believing in nothing, and the whole play expresses the failure of human effort in general.[3] Certain non-French critics have been almost as harsh; E. O. Siepmann, for example, sees little in *Antigone* but the shallow despair, weak perfectionism and "bourgeois guilt" which he considers characteristic of the contemporary French theatre.[4]

Others have criticized the play on aesthetic and technical grounds. Pol Gaillard dislikes what he sees as the sentimentality of certain scenes, especially Antigone's "attendrissement puéril" over the fate of her dog.[5] M. Gignoux considers that the modernization and what I have called the humanization of the play detract from its power and value as a tragedy; *Antigone*, in other words, is altogether too human, too much the clash of two individuals who simply cannot get on. Has Anouilh failed in this respect? M. Gignoux comments as follows:

[1] *Anouilh devant l'Action...*, p. 102.

[2] *De Jézabel à Médée...*, p. 105.

[3] *Pièces noires*, pp. 108–109.

[4] *The New Pessimism in France*, in *The Nineteenth Century and After*, May 1948, pp. 275–278.

[5] *Pièces noires*, p. 109.

S'il a échoué, c'est, je crois, pour une raison très simple: il est trop attiré par la réalité humaine, il a oublié que les personnages tragiques doivent le moins possible faire remarquer qu'ils ont un corps (et seulement lorsque ce corps souffre) et qu'ils ne s'assoient pas sur des tabourets, qu'ils ne mangent pas de tartines beurrées, qu'ils ne se salissent pas les ongles... Il y a une certaine distance qu'il faut établir entre les personnages d'une tragédie et nous, une distance optima, unique: plus loin du héros, nous ne le plaignons pas assez, mais plus près de lui, nous le jugerions trop. C'est le ton qui nous indique notre place. Et la fille d'Œdipe ne peut ni parler ni se comporter comme Thérèse Tarde. Ce qui, dans la manière d'Anouilh, a servi *La Sauvage*, dessert *Antigone*.[1]

In other words, the play is not really a tragedy at all, but a "drame psychologique en marge d'une tragédie." This judgment rests on a traditionally French conception of tragedy, a conception so conservative that even Shakespeare's tragedies are treated as *drames* in France. But M. Gignoux's remarks seem both appropriate and shrewd, for anything that stresses the girlishness of the heroine must detract from her power as an awe-inspiring symbol of human aspiration and suffering.

And yet, despite these handicaps, the dramatic qualities of the play as a whole, and of two scenes in particular, have met with wide recognition. Both the clash between Antigone and Créon and the incident involving Antigone and the Guard testify together to a stage sense and a craftsmanship of the highest order. To ignore these qualities

[1] *Jean Anouilh*, pp. 113–115. In an article published in the same year Jean-Paul Sartre outlined a similar "law of distance" in relation to the drama. This principle runs counter to the modern tendency to establish as intimate a relationship as possible between the audience and the play by abolishing footlights and using such devices as the apron stage or the arena stage, etc. (See Jean-Paul Sartre, *Forgers of Myths. The Young Playwrights of France*, in *Theatre Arts*, New York, June 1946, pp. 324–335.)

would be like judging a painting in terms of its message while shutting one's eyes to the artist's use of colour, volume and line. The message may be important, but there is also the question of the paint. Anouilh's philosophy may seem discouraging, yet his plays remain excellent theatre. They are gripping, they are moving, they rarely leave the spectator indifferent or bored. The fact is that Anouilh is first and foremost a master of dramatic rhythm; his stage effects are properly prepared, so that they never pass unnoticed or merely misfire, they are always fully exploited so that maximum audience-reaction is obtained from each situation, and they are generally—though not always—discarded before satiety is reached.[1] And this dramatic rhythm works in conjunction with an emotional rhythm that is vigorously marked; the surge of feeling is perfectly controlled from scene to scene, with the action moving easily and smoothly between moments of passionate intensity and periods of relative quiescence. The result is a work meant primarily for the stage and admirably prepared for that collaboration of producer, actor and *audience* from which a text emerges as a play.

One of the most characteristic features of Anouilh's drama concerns this matter of feeling, or mood: it is a curious oscillation between pathos and humour, an oscillation in which pity—pity for suffering, loneliness, failure and defeat—is suddenly stemmed in an unexpected flash of the comic spirit. As Mme Colette puts it, in connection with one of Jean Anouilh's earlier plays: "J'ajoute qu'il m'est doux, dans *Le Voyageur sans Bagage*... qu'un sanglot crève en éclat de rire et qu'un échange comique de reparties amasse des larmes."[2] *Antigone* offers fewer examples of this characteristic than the majority of the plays,

[1] There are certainly *longueurs*, for example, in *L'Hermine* and *Roméo et Jeannette*.

[2] *La Petite Illustration*, 1937, review of *Le Voyageur sans Bagage*.

but it makes its appearance in, say, Créon's wry remark on learning of his wife's suicide:

> Une bonne femme parlant toujours de son jardin, de ses confitures, de ses tricots, de ses éternels tricots pour les pauvres. C'est drôle comme les pauvres ont éternellement besoin de tricots. On dirait qu'ils n'ont besoin que de tricots...

or in the Guard's portentous "On ne sait jamais pourquoi on meurt." *Antigone* has a unity of mood and tone that is rare in Anouilh's theatre, but even here there are occasional examples of his extraordinary skill in changing key.

A further reason for the success of this theatre is the high quality of a style which, while less well adapted to the expression of abstract thought, succeeds in transmitting a remarkable range of feeling reaching from the passing fancies of everyday life to the deeper resonances of the poetic moment. It is true that occasionally Anouilh—like Musset—lapses into the merely sentimental, but in general his work reveals a sustained emotional intensity which finds its ideal expression in *Antigone*. In the longer speeches the sentences surge and sweep and crowd upon one another; at other times the emotion is sustained by the sharp interplay of rapid dialogue in which the French may vary from the salty colloquialisms of the Nurse or the Guard to the man-of-the-world terseness of Créon or the unexpected loveliness of the lines in which Antigone evokes the grey mystery of the morning, of a "monde sans couleurs."

Anouilh since "Antigone"

To many it seemed that with *Antigone* Anouilh had said his final word; the process begun with *L'Hermine* was now completed and no new development could be expected in the drama of Refusal and Rejection. And indeed the *Roméo et Jeannette* of 1945 did nothing but revert to the pattern of the past; the slovenly Bohemian family, the genial father with the usual cigar, the *fiston* and *fifille*, the dishevelled tomboy and her lover, and a plot ending in a double suicide. Was Anouilh now doomed to repeat himself *ad nauseam*? In 1946 M. Gignoux declared that the dramatist had exhausted his subject and that he was now "au pied d'un mur, au fond d'une impasse." Several possibilities remained, continued the critic; Anouilh might progress to a stoical acceptance of the absurdity of life, he might fall back on the resources of "la sagesse comique," or finally he might find the key to the great enigma in religious faith. For a time it seemed as though Anouilh might abandon his youthful *révoltés* in favour of a hero of a different kind. His *Médée*, written in 1946, ended almost on a note of hope. True, the heroine had found herself again in the gesture of revolt, to perish on a funeral pyre of her own making, but Jason was left, Jason whose quiet "Il faut vivre maintenant" seemed to stand for a new acceptance of the human situation, just as the exquisite final dialogue of the Nurse and the Guard suggested a new respect for the simple pleasures of everyday existence. But was the play symbolic of Anouilh's deliverance?[1] He himself now admitted that he needed a rest. What were his plans for the future? In an interview given in 1946 he replied that he would first finish the work already in progress, and then . . .

> Puis je m'arrêterai pile[2] pendant deux ans. Je prendrai de grandes vacances, j'abandonnerai mes personnages à leur jeu; je chercherai pour mon théâtre une autre voie.[3]

Meanwhile *L'Invitation au Château* awaited completion. Presented in 1947 with production and settings by André Barsacq (the original producer of *Antigone*) and with a

[1] J. Carat, *Délivrance d'Anouilh, passim.*
[2] 'I shall stop dead.'
[3] Quoted by R. O. J. Van Nuffel, *Jean Anouilh*, p. 89.

musical score by Francis Poulenc, the play attracted the attention of Christopher Fry, whose eventual adaptation, *Ring Round the Moon*, ran successfully in London. *L'Invitation* is a triumph of technical brilliance; in content and mood it is a *Pièce noire* crossed with a *Bal des Voleurs*. No longer is it the tragic *rôle* that matters, but the smilingly cynical acceptance of life that Anouilh now calls *le jeu*.

Then, after two years of apparent inactivity, came a succession of plays: *Ardèle, ou La Marguerite* (written in 1948), *La Répétition* (1950), *Colombe* (1950) and *La Valse des Toréadors* (1951). Had the long-awaited transformation arrived? The emphasis was now on technical virtuosity: in *La Répétition* the characters themselves are involved in the rehearsal of a play by Marivaux, and a double dialogue results; in *Ardèle* the principal character is never seen or heard; *Colombe* ends with a flashback in which husband and wife re-enact their first meeting. But the content of the plays reveals little change, and the themes are as before: the corruption of innocence and purity by cynical experience, the destructive nature of passion, the pathetic loneliness of the secret self.

Then came *L'Alouette*, the great success of the 1953 season and a play which, according to certain critics, suggested a widening of vision. "*L'Alouette* nous touche," wrote the dramatic critic of *Les Nouvelles littéraires* (22nd October 1953), "parce que Jean Anouilh y manifeste pour Jeanne une tendresse dont ni Antigone ni La Sauvage n'avaient pu lui arracher l'aveu. S'agit-il, comme l'ont annoncé plusieurs de nos confrères, d'un élargissement de la vision humaine chez l'un des maîtres du théâtre français de notre temps? Si oui, nul ne s'en réjouira plus que moi." It was true that the author seemed to have mellowed, judging by his almost affectionate treatment of the Maid and La Hire. Yet the basic pattern recurred. Jeanne, persuaded to recant, is consigned to prison, but the mere suggestion put to her of a Jeanne pardoned, set free and pensioned off, a Jeanne vegetating, growing fat and "acceptant tout," is enough for resistance to flare up again and for the heroine to opt for death. Once again the mechanism of refusal and rejection clicks into movement. That is not to say that there was nothing new in the content of the play. "Notre auteur n'aime pas l'humanité," wrote Gilbert Mury as early as 1946,[1] and now, as though to deny the charge, Anouilh presented in the person of Jeanne a champion of humanity whose "tendresse humaine" was anathema to an Inquisitor whose guiding principle was "Qui aime l'homme n'aime pas Dieu." Was Anouilh once again to find himself "au pied d'un mur, au fond d'une impasse," just when this compassion, already latent in plays like *La Sauvage*, seemed about to emerge?

Anouilh's career since 1953 has in fact done little to contradict Mury's view that the playwright "had no love for mankind", and the cynicism running through the earlier works has hardly mellowed with the years. In a brilliant succession of plays, from *Ornifle ou le Courant d'Air* of 1955 to *Pauvre Bitos ou le Dîner de Têtes*, *L'Hurluberlu ou le Réactionnaire amoureux*, *Becket ou l'Honneur de Dieu* (which also made a noteworthy film, despite the fact that it presented Becket as a Saxon!), *La Grotte*, *La Foire d'Empoigne*, *Cher Antoine* and *Les Poissons Rouges* (to mention only the major works), Anouilh has mockingly explored the miseries of the human condition. No ideals, no illusions, no institutions are spared: love, marriage, friendship, the callousness of the rich, the vindictiveness of the poor, the cruelties of the Liberation of 1944, the ludicrous antics of faithless husbands and jealous wives, the inner deliquescence of the writer who has "arrived"—rich, successful and rotting on his feet—all have at some

[1] *Anouilh devant l'Action*, p. 103.

time or other felt the penetrating sting of Anouilh's corrosive humour. More than forty years after *L'Hermine* of 1931, a new play by the author of *Antigone* is still a major event. Certainly an extraordinary career. Forty years of grinding pessimism, of a kind peculiarly French: a grim record in its way, yet redeemed again and again by a comic sense and a technical virtuosity extremely rare in the history of the French theatre—to say the least.

Postscript

The curiously repetitive pattern of Jean Anouilh's plays has caused many to wonder, perhaps somewhat naturally, whether such a creative obsession of this kind might not have its roots in personal experience. On this point the dramatist has so far refused to be drawn. In 1946 he made the following statement in a letter to M. Gignoux:

> Je n'ai pas de biographie, et j'en suis très content. Je suis né le 23 juin 1910 à Bordeaux, je suis venu jeune à Paris, j'ai été à l'école primaire supérieure Colbert, au collège Chaptal. Un an et demi à la Faculté de Droit de Paris, deux ans dans une maison de publicité, où j'ai pris des leçons de précision et d'ingéniosité qui m'ont tenu lieu d'études poétiques. Après *L'Hermine*, j'ai décidé de ne vivre que du théâtre, et un peu du cinéma. C'était une folie que j'ai tout de même bien fait de décider. J'ai réussi à ne jamais faire de journalisme, et je n'ai sur la conscience, au cinéma, qu'un ou deux vaudevilles et quelques mélos oubliés et non signés. Le reste est ma vie, et tant que le Ciel voudra que ce soit encore mon affaire, j'en réserve les détails.[1]

Nothing could be plainer than that, and although E. O. Marsh, in his recent study of Anouilh,[2] has enriched our knowledge of the dramatist's life and background, plenty

[1] H. Gignoux, *op. cit.*, p. 9.

[2] Edward Owen Marsh, *Jean Anouilh, Poet of Pierrot and Pantaloon*, W. H. Allen, 1953.

of scope remains for the application of historical research. We learn from Mr Marsh that Anouilh is the son of a tailor and a violinist, and that his mother played in the orchestra of the Casino at Arcachon. He was apparently writing plays at the age of ten—plays in verse, mainly imitations of works by Rostand. His first "adult" play, *Humulus le Muet*, a brief one-act sketch, was never performed, and *Mandarine*, written in 1929, had to wait until 1933 before it was played at the Athénée. Neither has been included in the published works. In 1931 Anouilh became secretary to Louis Jouvet, who apparently never showed much interest in the literary ambitions of the young man whom he styled "Anouilh le miteux." When the latter married the young actress Monelle Valentin, later to achieve celebrity in the part of Antigone, Jouvet lent the couple the furniture used in the setting of Giraudoux's *Siegfried*, the theme of which play reappears, oddly enough, in *Le Voyageur sans Bagage*. After the production of *L'Hermine* several plays by Anouilh were refused by theatre managements, and soon things became difficult for the young *ménage*; it is reported that when a daughter, Catherine, was born, she slept in a suitcase. Then came success, in the theatre with *Le Voyageur sans Bagage*, in the cinema with films like *Monsieur Vincent* (1947), *Anna Karénine* (1948), *Caroline Chérie* (1950) and *Deux Sous de Violettes* (1951). That is almost all that we know of the dramatist's life and background, and perhaps it is all that we need to know. In any case it must be left to historians of the future to fathom the secret depths of such a fascinating case as that suggested by the theatre of Jean Anouilh.

Bibliographical Notes

The majority of Anouilh's plays have been published singly by La Table Ronde, and by the same publishers in collections entitled respectively *Pièces Noires*, *Pièces Roses*, *Nouvelles Pièces Noires*, *Pièces Brillantes*, *Pièces Grinçantes* and *Pièces Costumées*.

Editions of single plays published by Harrap include *Le Bal des Voleurs* and *Becket ou l'Honneur de Dieu* (both edited by W. D. Howarth), *Léocadia-Humulus le Muet* (ed. Bernard Fielding), *Pauvre Bitos ou le Dîner de Têtes* (ed. W. D. Howarth) and *La Valse des Toréadors* (ed. Clifford King: this edition offers a useful bibliography).

Suggestions for Further Reading

For the "background" of the modern French theatre, students might consult Dorothy Knowles, *French Drama of the Inter-War Years, 1918–39* (Harrap, 1967; Ch. VI deals with Anouilh). See also *The French Theatre of Today*, by Harold Hobson (Harrap, 1953). Probably the best introduction to Anouilh's work is to be found in P. A. Thody, *Anouilh* ("Writers and Critics" series, Oliver and Boyd, 1968). It may also be possible to have access to some of the following:

Pillement, G., *Anthologie du Théâtre Contemporain*, Vol. I, *Le Théâtre d'avant-garde* (Éditions du Bélier, 1945).

Didier, J., *A la Rencontre de Jean Anouilh*[1] (Liége, Éditions de la Sizaine, 1946).

Gignoux, H., *Jean Anouilh* (Éditions du Temps Présent, 1946).

Mury, G., *Anouilh devant l'action ou la prison sans barreaux* (Seghers, 1946).

Curtis, A., *The Masque, No. 8. New Developments in the French Theatre* (The Curtain Press, 1948).

Marsh, E. O., *Jean Anouilh, Poet of Pierrot and Pantaloon* (W. H. Allen, 1953).

John, S., "Obsession and Technique in the Plays of Jean Anouilh", in *French Studies*, Oxford, 1957.

[1] There is a mistake in this book (p. 7); Anouilh was born in Bordeaux and not in Paris, as stated, and not in 1902 but in 1910.

LUPPÉ, R. DE, *Jean Anouilh* (Éditions Universitaires, 1959).
PRONKO, L. C., *The World of Jean Anouilh* (Berkeley and Los Angeles, University of California Press, 1961).
JOLIVET, P., *Le Théâtre de Jean Anouilh* (Éditions Michel Brient, 1963).
HARVEY, J., *Anouilh, A Study in Theatrics* (New Haven and London, Yale University Press, 1964).
GINESTIER, P., *Anouilh* (Seghers, 1969).

ANTIGONE

PERSONNAGES

Antigone
Créon
Hémon
Ismène
Eurydice
La Nourrice
Le Page de Créon
Les Gardes
Le Messager
Le Chœur

An asterisk in the text indicates that the phrase or word so marked has been explained in the Notes at the end of the book.

ANTIGONE

Un décor neutre. Trois portes semblables. Au lever du rideau, tous les personnages sont en scène. Ils bavardent, tricotent, iouent aux cartes. Le Prologue se détache et s'avance.

LE PROLOGUE. Voilà. Ces personnages vont vous jouer l'histoire d'Antigone. Antigone, c'est la petite maigre qui est assise là-bas, et qui ne dit rien. Elle regarde droit devant elle. Elle pense. Elle pense qu'elle va être Antigone tout à l'heure, qu'elle va surgir soudain de la maigre jeune fille noiraude et renfermée que personne ne prenait au sérieux dans la famille et se dresser seule en face du monde, seule en face de Créon, son oncle, qui est le roi. Elle pense qu'elle va mourir, qu'elle est jeune et qu'elle aussi, elle aurait bien aimé vivre. Mais il n'y a rien à faire. Elle s'appelle Antigone et il va falloir qu'elle joue son rôle jusqu'au bout... Et, depuis que ce rideau s'est levé, elle sent qu'elle s'éloigne à une vitesse vertigineuse de sa sœur Ismène, qui bavarde et rit avec un jeune homme, de nous tous, qui sommes là bien tranquilles à la regarder, de nous qui n'avons pas à mourir ce soir.

Le jeune homme avec qui parle la blonde, la belle, l'heureuse Ismène, c'est Hémon, le fils de Créon. Il est le fiancé d'Antigone. Tout le portait vers Ismène: son goût de la danse et des jeux, son goût du bonheur et de la réussite, sa sensualité aussi, car Ismène est bien plus belle qu'Antigone, et puis un soir, un soir de bal où il n'avait dansé qu'avec Ismène, un soir où Ismène avait été éblouissante dans sa nouvelle robe, il a été trouver Antigone qui rêvait dans un coin, comme en ce moment, ses bras entourant ses genoux, et il lui a demandé d'être sa femme. Personne n'a jamais compris pourquoi. Antigone a levé sans étonnement ses yeux graves sur lui et elle lui a dit «oui» avec un petit sourire triste... L'orchestre attaquait une nouvelle danse; Ismène riait aux éclats, là-bas, au milieu des autres garçons et voilà, maintenant, lui, il allait être le mari d'Antigone. Il ne savait pas qu'il ne devait jamais exister de mari d'Antigone* sur cette terre et que ce titre princier lui donnait seulement le droit de mourir.

Cet homme robuste, aux cheveux blancs, qui médite là, près de son page, c'est Créon. C'est le roi. Il a des rides, il est fatigué. Il joue au jeu difficile de conduire les hommes. Avant, du temps d'Œdipe, quand il n'était que le premier personnage de la cour, il aimait la musique, les belles reliures, les longues flâneries chez les petits antiquaires de Thèbes. Mais Œdipe et ses fils sont morts. Il a laissé ses livres, ses objets,* il a retroussé ses manches et il a pris leur place.

Quelquefois, le soir, il est fatigué, et il se demande s'il n'est pas vain de conduire les hommes. Si cela n'est pas un office sordide qu'on doit laisser à d'autres, plus frustes... Et puis, au matin, des problèmes précis se posent, qu'il faut résoudre, et il se lève tranquille, comme un ouvrier au seuil de sa journée.

La vieille dame qui tricote, à côté de la nourrice qui a élevé les deux petites, c'est Eurydice, la femme de Créon. Elle tricotera pendant toute la tragédie jusqu'à ce que son tour vienne de se lever et de mourir. Elle est bonne, digne, aimante; elle ne lui est d'aucun secours. Créon est seul. Seul avec son petit page qui est trop petit et qui ne peut rien non plus pour lui.

Ce garçon pâle, là-bas, au fond, qui rêve, adossé au mur, solitaire, c'est le Messager. C'est lui qui viendra annoncer la mort d'Hémon tout à l'heure. C'est pour cela qu'il n'a pas envie de bavarder ni de se mêler aux autres. Il sait déjà...

Enfin les trois hommes rougeauds qui jouent aux cartes, leur chapeau sur la nuque, ce sont les gardes. Ce ne sont pas de mauvais bougres,* ils ont des femmes, des enfants, et des petits ennuis comme tout le monde, mais ils vous empoigneront* les accusés le plus tranquillement du monde tout à l'heure. Ils sentent l'ail, le cuir et le vin rouge* et ils sont dépourvus de toute imagination. Ce sont les auxiliaires toujours innocents et toujours satisfaits d'eux-mêmes, de la justice. Pour le moment, jusqu'à ce qu'un nouveau chef de Thèbes dûment mandaté* leur ordonne de l'arrêter à son tour, ce sont les auxiliaires de la justice de Créon.

Et maintenant que vous les connaissez tous, ils vont pouvoir vous jouer leur histoire. Elle commence au moment où les deux fils d'Œdipe, Étéocle et Polynice, qui devaient régner sur Thèbes un an chacun* à tour de rôle, se sont battus et entre-tués sous les murs de la ville, Étéocle l'aîné, au terme de la première année de pouvoir, ayant refusé de céder la place à son frère. Sept grands princes étrangers* que Polynice avait gagnés à sa cause ont été défaits devant les sept portes de Thèbes. Maintenant la ville est sauvée, les deux frères ennemis sont morts et Créon, le roi, a ordonné qu'à Étéocle, le bon frère, il serait fait d'imposantes funérailles, mais que Polynice, le vaurien, le révolté, le voyou, serait laissé sans pleurs et sans sépulture, la proie des corbeaux et des chacals.* Quiconque osera lui rendre les devoirs funèbres sera impitoyablement puni de mort.

Pendant que le Prologue parlait les personnages sont sortis un à un. Le Prologue disparaît aussi.

L'éclairage s'est modifié sur la scène. C'est maintenant une aube grise et livide dans une maison qui dort.

Antigone entr'ouvre la porte et rentre de l'extérieur sur la pointe de ses pieds nus, ses souliers à la main. Elle reste un instant immobile à écouter. La nourrice surgit.

LA NOURRICE. D'où viens-tu?

ANTIGONE. De me promener, nourrice. C'était beau. Tout était gris. Maintenant, tu ne peux pas savoir,* tout est déjà rose, jaune, vert. C'est devenu une carte postale. Il faut te lever plus tôt, nourrice, si tu veux voir un monde sans couleurs.

Elle va passer.

LA NOURRICE. Je me lève quand il fait encore noir, je vais à ta chambre pour voir si tu ne t'es pas découverte en dormant et je ne te trouve plus dans ton lit!

ANTIGONE. Le jardin dormait encore. Je l'ai surpris, nourrice. Je l'ai vu sans qu'il s'en doute. C'est beau un jardin qui ne pense pas encore aux hommes.

LA NOURRICE. Tu es sortie. J'ai été à la porte du fond, tu l'avais laissée entre-bâillée.

ANTIGONE. Dans les champs c'était tout mouillé et cela attendait. Tout attendait. Je faisais un bruit énorme toute seule sur la route et j'étais gênée parce que je savais bien que ce n'était pas moi qu'on attendait. Alors j'ai enlevé mes sandales et je me suis glissée dans la campagne sans qu'elle s'en aperçoive...

LA NOURRICE. Il va falloir te laver les pieds avant de te remettre au lit.

ANTIGONE. Je ne me recoucherai pas ce matin.

LA NOURRICE. A quatre heures! Il n'était pas quatre heures! Je me lève pour voir si elle n'était pas découverte. Je trouve son lit froid et personne dedans.

ANTIGONE. Tu crois que si on se levait comme cela tous les matins ce serait tous les matins aussi beau, nourrice, d'être la première fille dehors?

LA NOURRICE. La nuit! C'était la nuit! Et tu veux me faire croire que tu as été te promener, menteuse! D'où viens-tu?

ANTIGONE, *a un étrange sourire.* C'est vrai, c'était encore la nuit. Et il n'y avait que moi dans toute la campagne à penser que c'était déjà le matin. C'est merveilleux, nourrice. J'ai cru au jour la première aujourd'hui.

LA NOURRICE. Fais la folle! Fais la folle! Je la connais, la chanson. J'ai été fille avant toi. Et pas commode non plus, mais dure tête comme toi,* non. D'où viens-tu, mauvaise?

ANTIGONE, *soudain grave.* Non. Pas mauvaise.

LA NOURRICE. Tu avais un rendez-vous, hein? Dis non, peut-être.*

ANTIGONE, *doucement.* Oui. J'avais un rendez-vous.

LA NOURRICE. Tu as un amoureux?

ANTIGONE, *étrangement, après un silence.* Oui, nourrice, oui, le pauvre. J'ai un amoureux.

LA NOURRICE, *éclate.* Ah! c'est du joli! c'est du propre!* Toi, la fille d'un roi! Donnez-vous du mal; donnez-vous du mal pour les élever! Elles sont toutes les mêmes. Tu n'étais pourtant pas comme les autres, toi, à t'attifer toujours devant la glace, à te mettre du rouge aux lèvres, à chercher à ce qu'on te remarque.* Combien de fois je me suis dit: «Mon Dieu, cette petite, elle n'est pas assez coquette! Toujours avec la même robe et mal peignée. Les garçons ne verront qu'Ismène avec ses bouclettes* et ses rubans et ils me la laisseront sur les bras.» Hé bien, tu sais, tu étais comme ta sœur, et pire encore, hypocrite! Qui est-ce? Un voyou, hein, peut-être? Un garçon que tu ne peux pas dire à ta famille:* «Voilà, c'est lui que j'aime, je veux l'épouser.» C'est ça, hein, c'est ça? Réponds donc, fanfaronne!

ANTIGONE, *a encore un sourire imperceptible.* Oui, nourrice.

LA NOURRICE. Et elle dit oui! Miséricorde! Je l'ai eue toute gamine; j'ai promis à sa pauvre mère que j'en ferais une honnête fille, et voilà! Mais cela ne va pas se passer comme ça, ma petite. Je ne suis que ta nourrice et tu me traites comme une vieille bête, bon! mais ton oncle, ton oncle Créon saura. Je te le promets!

ANTIGONE, *soudain un peu lasse.* Oui, nourrice, mon oncle Créon saura. Laisse-moi maintenant.

LA NOURRICE. Et tu verras ce qu'il dira quand il apprendra que tu te lèves la nuit. Et Hémon? Et ton fiancé? Car elle est fiancée! Elle est fiancée, et à quatre heures du matin elle quitte son lit pour aller courir avec un autre. Et ça vous répond qu'on la laisse, ça voudrait qu'on ne dise rien. Tu sais ce que je devrais faire? Te battre comme lorsque tu étais petite.

ANTIGONE. Nounou, tu ne devrais pas trop crier. Tu ne devrais pas être trop méchante ce matin.

LA NOURRICE. Pas crier! Je ne dois pas crier par-dessus le marché! Moi qui avais promis à ta mère... Qu'est-ce qu'elle me dirait si elle était là? «Vieille bête, oui, vieille bête, qui n'as pas su me la garder pure, ma petite. Toujours à crier, à faire le chien de garde, à leur tourner autour avec des lainages pour qu'elles ne prennent pas froid ou des laits de poule pour les rendre fortes; mais à quatre heures du matin tu dors, vieille bête, tu dors, toi qui ne peux pas fermer l'œil, et tu les laisses filer, marmotte, et quand tu arrives le lit est froid!» Voilà ce qu'elle me dira, ta mère, là-haut, quand j'y monterai, et moi j'aurai honte, honte à en mourir si je n'étais pas déjà morte, et je ne pourrai que baisser la tête et répondre: «Madame Jocaste, c'est vrai.»

ANTIGONE. Non, nourrice. Ne pleure plus. Tu pourras regarder maman bien en face, quand tu iras la retrouver. Et elle te dira: «Bonjour, nounou, merci pour la petite Antigone. Tu as bien pris soin d'elle.» Elle sait pourquoi je suis sortie ce matin.

LA NOURRICE. Tu n'as pas d'amoureux?

ANTIGONE. Non, nounou.

LA NOURRICE. Tu te moques de moi, alors? Tu vois, je suis trop vieille. Tu étais ma préférée, malgré ton sale caractère. Ta sœur était plus douce, mais je croyais que c'était toi qui m'aimais. Si tu m'aimais tu m'aurais dit la vérité. Pourquoi ton lit était-il froid quand je suis venue te border?

ANTIGONE. Ne pleure plus, s'il te plaît, nounou.

Elle l'embrasse.

Allons, ma vieille bonne pomme rouge.* Tu sais quand je te frottais pour que tu brilles? Ma vieille pomme toute ridée. Ne laisse pas couler tes larmes dans toutes les petites rigoles, pour des bêtises comme cela — pour rien. Je suis pure, je n'ai pas d'autre amoureux qu'Hémon, mon fiancé, je te le jure. Je peux même te jurer si tu veux, que je n'aurai jamais d'autre amoureux... Garde tes larmes, garde tes larmes; tu en auras peut-être besoin encore, nounou. Quand tu pleures comme cela, je redeviens petite... Et il ne faut pas que je sois petite ce matin.

Entre Ismène.

ISMÈNE. Tu es déjà levée? Je viens de ta chambre.

ANTIGONE. Oui, je suis déjà levée.

LA NOURRICE. Toutes les deux alors!... Toutes les deux vous allez devenir folles et vous lever avant les servantes? Vous croyez que c'est bon d'être debout le matin à jeun, que c'est convenable pour des princesses? Vous n'êtes seulement pas couvertes. Vous allez voir que vous allez encore me prendre mal.*

ANTIGONE. Laisse-nous, nourrice. Il ne fait pas froid, je t'assure: c'est déjà l'été. Va nous faire du café.

Elle s'est assise, soudain fatiguée.

Je voudrais bien un peu de café, s'il te plaît, nounou. Cela me ferait du bien.

LA NOURRICE. Ma colombe! La tête lui tourne d'être sans rien* et je suis là comme une idiote au lieu de lui donner quelque chose de chaud.

Elle sort vite.

ISMÈNE. Tu es malade?

ANTIGONE. Cela n'est rien. Un peu de fatigue.

Elle sourit.

C'est parce que je me suis levée tôt.

ISMÈNE. Moi non plus je n'ai pas dormi.

ANTIGONE, *sourit encore.* Il faut que tu dormes. Tu serais moins belle demain.

ISMÈNE. Ne te moque pas.

ANTIGONE. Je ne me moque pas. Cela me rassure ce matin, que tu sois belle. Quand j'étais petite, j'étais si malheureuse, tu te souviens? Je te barbouillais de terre, je te mettais des vers dans le cou. Une fois, je t'ai attachée à un arbre et je t'ai coupé tes cheveux, tes beaux cheveux...

Elle caresse les cheveux d'Ismène.

Comme cela doit être facile de ne pas penser de bêtises

avec toutes ces belles mèches lisses et bien ordonnées autour de la tête!

ISMÈNE, *soudain.* Pourquoi parles-tu d'autre chose?

ANTIGONE, *doucement, sans cesser de lui caresser les cheveux.* Je ne parle pas d'autre chose...

ISMÈNE. Tu sais, j'ai bien pensé, Antigone.

ANTIGONE. Oui.

ISMÈNE. J'ai bien pensé toute la nuit. Tu es folle.

ANTIGONE. Oui.

ISMÈNE. Nous ne pouvons pas.

ANTIGONE, *après un silence, de sa petite voix.* Pourquoi?

ISMÈNE. Il nous ferait mourir.

ANTIGONE. Bien sûr. A chacun son rôle. Lui, il doit nous faire mourir, et nous, nous devons aller enterrer notre frère. C'est comme cela que ç'a été distribué. Qu'est-ce que tu veux que nous y fassions?

ISMÈNE. Je ne veux pas mourir.*

ANTIGONE, *doucement.* Moi aussi j'aurais bien voulu ne pas mourir.

ISMÈNE. Écoute, j'ai bien réfléchi toute la nuit. Je suis l'aînée. Je réfléchis plus que toi. Toi, c'est ce qui te passe par la tête tout de suite, et tant pis si c'est une bêtise. Moi je suis plus pondérée. Je réfléchis.

ANTIGONE. Il y a des fois où il ne faut pas trop réfléchir.

ISMÈNE. Si, Antigone. D'abord c'est horrible, bien sûr, et j'ai pitié moi aussi de mon frère, mais je comprends un peu notre oncle.

ANTIGONE. Moi je ne veux pas comprendre un peu.

ISMÈNE. Il est le roi, il faut qu'il donne l'exemple.

ANTIGONE. Moi, je ne suis pas le roi. Il ne faut pas que

je donne l'exemple, moi... Ce qui lui passe par la tête, la petite Antigone, la sale bête, l'entêtée, la mauvaise, et puis on la met dans un coin ou dans un trou. Et c'est bien fait pour elle. Elle n'avait qu'à ne pas désobéir!

ISMÈNE. Allez! Allez!... Tes sourcils joints, ton regard droit devant toi et te voilà lancée sans écouter personne. Écoute-moi. J'ai raison plus souvent que toi.

ANTIGONE. Je ne veux pas avoir raison.

ISMÈNE. Essaie de comprendre, au moins!

ANTIGONE. Comprendre... Vous n'avez que ce mot-là dans la bouche, tous, depuis que je suis toute petite. Il fallait comprendre qu'on ne peut pas toucher à l'eau, à la belle eau fuyante et froide parce que cela mouille les dalles, à la terre parce que cela tache les robes. Il fallait comprendre qu'on ne doit pas manger tout à la fois, donner tout ce qu'on a dans ses poches au mendiant qu'on rencontre, courir, courir dans le vent jusqu'à ce qu'on tombe par terre et boire quand on a chaud et se baigner quand il est trop tôt ou trop tard, mais pas juste quand on en a envie! Comprendre. Toujours comprendre. Moi je ne veux pas comprendre. Je comprendrai quand je serai vieille.

Elle achève doucement.

Si je deviens vieille. Pas maintenant.

ISMÈNE. Il est plus fort que nous, Antigone. Il est le roi. Et ils pensent tous comme lui dans la ville. Ils sont des milliers et des milliers autour de nous, grouillant dans toutes les rues de Thèbes.

ANTIGONE. Je ne t'écoute pas.

ISMÈNE. Ils nous hueront. Ils nous prendront avec leurs mille bras, leurs mille visages et leur unique regard. Ils nous cracheront à la figure. Et il faudra avancer dans leur haine sur la charrette avec leur odeur et leurs rires jusqu'au supplice. Et là il y aura les gardes avec leurs têtes d'imbéciles, congestionnées sur leurs cols raides, leurs grosses mains lavées, leur regard de bœuf — qu'on sent qu'on pourra toujours crier, essayer de leur faire comprendre, qu'ils vont comme des nègres et qu'ils feront tout ce qu'on leur a dit scrupuleusement, sans savoir si c'est bien ou mal... Et souffrir? Il faudra souffrir, sentir que la douleur monte, qu'elle est arrivée au point où l'on ne peut plus la supporter; qu'il faudrait qu'elle s'arrête, mais qu'elle continue pourtant et monte encore, comme une voix aiguë... Oh! je ne peux pas, je ne peux pas...

ANTIGONE. Comme tu as bien tout pensé.

ISMÈNE. Toute la nuit. Pas toi?

ANTIGONE. Si, bien sûr.

ISMÈNE. Moi, tu sais, je ne suis pas très courageuse.

ANTIGONE, *doucement.* Moi non plus. Mais qu'est-ce que cela fait?

Il y a un silence, Ismène demande soudain:

ISMÈNE. Tu n'as donc pas envie de vivre, toi?

ANTIGONE, *murmure.* Pas envie de vivre...

Et plus doucement encore si c'est possible.

Qui se levait la première, le matin, rien que pour sentir l'air froid sur sa peau nue? Qui se couchait la dernière seulement quand elle n'en pouvait plus de fatigue, pour vivre encore un peu de la nuit? Qui pleurait déjà toute petite, en pensant qu'il y avait tant de petites bêtes, tant de brins d'herbe dans le pré et qu'on ne pouvait pas tous les prendre?

ISMÈNE, *a un élan soudain vers elle.* Ma petite sœur...

ANTIGONE, *se redresse et crie.* Ah, non! Laisse-moi! Ne me caresse pas! Ne nous mettons pas à pleurnicher ensemble, maintenant. Tu as bien réfléchi, tu dis? Tu penses que toute la ville hurlante contre toi, tu penses que la douleur et la peur de mourir c'est assez?

ISMÈNE, *baisse la tête.* Oui.

ANTIGONE. Sers-toi de ces prétextes.

ISMÈNE, *se jette contre elle.* Antigone! Je t'en supplie! C'est bon pour les hommes de croire aux idées et de mourir pour elles. Toi tu es une fille.*

ANTIGONE, *les dents serrées.* Une fille, oui. Ai-je assez pleuré d'être une fille!

ISMÈNE. Ton bonheur est là devant toi et tu n'as qu'à le prendre. Tu es fiancée, tu es jeune, tu es belle...

ANTIGONE, *sourdement.* Non, je ne suis pas belle.

ISMÈNE. Pas belle comme nous, mais autrement. Tu sais bien que c'est sur toi que se retournent les petits voyous dans la rue; que c'est toi que les petites filles regardent passer, soudain muettes sans pouvoir te quitter des yeux jusqu'à ce que tu aies tourné le coin.

ANTIGONE, *a un petit sourire imperceptible.* Des voyous, des petites filles...

ISMÈNE, *après un temps.* Et Hémon, Antigone?

ANTIGONE, *fermée.* Je parlerai tout à l'heure à Hémon: Hémon sera tout à l'heure une affaire réglée.

ISMÈNE. Tu es folle.

ANTIGONE, *sourit.* Tu m'as toujours dit que j'étais folle, pour tout, depuis toujours. Va te recoucher, Ismène... Il fait jour maintenant, tu vois, et, de toute façon, je ne pourrais rien faire. Mon frère mort est maintenant entouré d'une garde exactement comme s'il avait réussi à se faire roi. Va te recoucher. Tu es toute pâle de fatigue.

ISMÈNE. Et toi?

ANTIGONE. Je n'ai pas envie de dormir... Mais je te promets que je ne bougerai pas d'ici avant ton réveil. Nourrice va m'apporter à manger. Va dormir encore.

Le soleil se lève seulement. Tu as les yeux tout petits de sommeil. Va...

ISMÈNE. Je te convaincrai, n'est-ce pas? Je te convaincrai? Tu me laisseras te parler encore?

ANTIGONE, *un peu lasse*. Je te laisserai me parler, oui. Je vous laisserai tous me parler. Va dormir maintenant, je t'en prie. Tu serais moins belle demain.

Elle la regarde sortir avec un petit sourire triste, puis elle tombe soudain lasse sur une chaise.

Pauvre Ismène!...

LA NOURRICE, *entre*. Tiens, te voilà un bon café* et des tartines, mon pigeon. Mange.

ANTIGONE. Je n'ai pas très faim, nourrice.

LA NOURRICE. Je te les ai grillées moi-même et beurrées comme tu les aimes.

ANTIGONE. Tu es gentille, nounou. Je vais seulement boire un peu.

LA NOURRICE. Où as-tu mal?

ANTIGONE. Nulle part, nounou. Mais fais-moi tout de même bien chaud comme lorsque j'étais malade... Nounou plus forte que la fièvre, nounou plus forte que le cauchemar, plus forte que l'ombre de l'armoire qui ricane et se transforme d'heure en heure sur le mur, plus forte que les mille insectes du silence qui rongent quelque chose, quelque part dans la nuit, plus forte que la nuit elle-même avec son hululement de folle qu'on n'entend pas; nounou, plus forte que la mort. Donne-moi ta main comme lorsque tu restais à côté de mon lit.

LA NOURRICE. Qu'est-ce que tu as, ma petite colombe?

ANTIGONE. Rien, nounou. Je suis seulement encore un peu petite pour tout cela. Mais il n'y a que toi qui dois le savoir.

LA NOURRICE. Trop petite, pourquoi, ma mésange?

ANTIGONE. Pour rien, nounou. Et puis, tu es là. Je

tiens ta bonne main rugueuse qui sauve de tout, toujours, je le sais bien. Peut-être qu'elle va me sauver encore. Tu es si puissante, nounou.

LA NOURRICE. Qu'est-ce que tu veux que je fasse pour toi, ma tourterelle?

ANTIGONE. Rien, nounou. Seulement ta main comme cela sur ma joue.

Elle reste un moment les yeux fermés.

Voilà, je n'ai plus peur. Ni du méchant ogre, ni du marchand de sable, ni de Taoutaou* qui passe et emmène les enfants...

Un silence encore, elle continue d'un autre ton.

Nounou, tu sais, Douce, ma chienne...

LA NOURRICE. Oui.

ANTIGONE. Tu vas me promettre que tu ne la gronderas plus jamais.

LA NOURRICE. Une bête qui salit tout avec ses pattes! Ça ne devrait pas entrer dans les maisons.

ANTIGONE. Même si elle salit tout. Promets, nourrice.

LA NOURRICE. Alors il faudra que je la laisse tout abîmer sans rien dire?

ANTIGONE. Oui, nounou.

LA NOURRICE. Ah! ça serait un peu fort!

ANTIGONE. S'il te plaît, nounou. Tu l'aimes bien, Douce, avec sa bonne grosse tête. Et puis, au fond, tu aimes bien frotter aussi. Tu serais très malheureuse si tout restait propre toujours.

LA NOURRICE. Et si elle pisse sur mes tapis?

ANTIGONE. Alors je te le demande: ne la gronde pas. Promets que tu ne la gronderas pas tout de même. Je t'en prie, dis, je t'en prie, nounou...

LA NOURRICE. Tu profites de ce que tu câlines... C'est bon. C'est bon. On essuiera sans rien dire. Tu me fais tourner en bourrique.*

ANTIGONE. Et puis, promets-moi aussi que tu lui parleras, que tu lui parleras souvent.

LA NOURRICE, *hausse les épaules.* A-t-on vu ça? Parler aux bêtes!

ANTIGONE. Et justement pas comme à une bête. Comme à une vraie personne, comme tu m'entends faire...

LA NOURRICE. Ah, ça non! A mon âge, faire l'idiote! Mais pourquoi veux-tu que toute la maison lui parle comme toi, à cette bête?

ANTIGONE, *doucement.* Si moi, pour une raison ou pour une autre, je ne pouvais plus lui parler...

LA NOURRICE, *qui ne comprend pas.* Plus lui parler, plus lui parler? Pourquoi?

ANTIGONE, *détourne un peu la tête et puis elle ajoute, la voix dure.* Et puis, si elle était trop triste, si elle avait trop l'air d'attendre tout de même, — le nez sous la porte comme lorsque je suis sortie, — il vaudrait peut-être mieux la faire tuer, nounou, sans qu'elle ait mal.

LA NOURRICE. La faire tuer, ma mignonne? Faire tuer ta chienne? Mais tu es folle ce matin!

ANTIGONE. Non, nounou.

Hémon paraît.

Voilà Hémon. Laisse-nous, nourrice. Et n'oublie pas ce que tu m'as juré.

La nourrice sort.

ANTIGONE, *court à Hémon.* Pardon, Hémon, pour notre dispute d'hier soir et pour tout. C'est moi qui avais tort. Je te prie de me pardonner.

HÉMON. Tu sais bien que je t'avais pardonné, à peine avais-tu claqué la porte. Ton parfum était encore là et je t'avais déjà pardonné.

Il la tient dans ses bras, il sourit, il la regarde.

A qui l'avais-tu volé, ce parfum?

ANTIGONE. A Ismène.

HÉMON. Et le rouge à lèvres, la poudre, la belle robe?

ANTIGONE. Aussi.

HÉMON. En quel honneur t'étais-tu faite si belle?

ANTIGONE. Je te dirai.

Elle se serre contre lui un peu plus fort.

Oh! mon chéri, comme j'ai été bête! Tout un soir gaspillé. Un beau soir.

HÉMON. Nous aurons d'autres soirs, Antigone.

ANTIGONE. Peut-être pas.

HÉMON. Et d'autres disputes aussi. C'est plein de disputes un bonheur.*

ANTIGONE. Un bonheur, oui... Écoute, Hémon.

HÉMON. Oui.

ANTIGONE. Ne ris pas ce matin. Sois grave.

HÉMON. Je suis grave.

ANTIGONE. Et serre-moi. Plus fort que tu ne m'as jamais serrée. Que toute ta force s'imprime dans moi.

HÉMON. Là. De toute ma force.

ANTIGONE, *dans un souffle.* C'est bon.

Ils restent un instant sans rien dire, puis elle commence doucement.

Écoute, Hémon.

HÉMON. Oui.

ANTIGONE. Je voulais te dire ce matin... Le petit garçon que nous aurions eu tous les deux...

HÉMON. Oui.

ANTIGONE. Tu sais, je l'aurais bien défendu contre tout.

HÉMON. Oui, Antigone.

ANTIGONE. Oh! je l'aurais serré si fort qu'il n'aurait jamais eu peur, je te le jure. Ni du soir qui vient, ni de l'angoisse du plein soleil immobile, ni des ombres... Notre petit garçon, Hémon! Il aurait eu une maman toute petite et mal peignée — mais plus sûre que toutes les vraies mères du monde avec leurs vraies poitrines et leurs grands tabliers. Tu le crois, n'est-ce pas, toi?

HÉMON. Oui, mon amour.

ANTIGONE. Et tu crois aussi, n'est-ce pas, que toi, tu aurais eu une vraie femme?

HÉMON, *la tient.* J'ai une vraie femme.

ANTIGONE, *crie soudain, blottie contre lui.* Oh! tu m'aimais, Hémon, tu m'aimais, tu en es bien sûr, ce soir-là?

HÉMON, *la berce doucement.* Quel soir?

ANTIGONE. Tu es bien sûr qu'à ce bal où tu es venu me chercher dans mon coin, tu ne t'es pas trompé de jeune fille? Tu es sûr que tu n'as jamais regretté depuis, jamais pensé, même tout au fond de toi, même une fois, que tu aurais plutôt dû demander Ismène?

HÉMON. Idiote!

ANTIGONE. Tu m'aimes, n'est-ce pas? Tu m'aimes comme une femme? Tes bras qui me serrent ne mentent pas? Tes grandes mains posées sur mon dos ne mentent pas, ni ton odeur, ni ce bon chaud, ni cette grande confiance qui m'inonde quand j'ai la tête au creux de ton cou?

HÉMON. Oui, Antigone, je t'aime comme une femme.

ANTIGONE. Je suis noire* et maigre. Ismène est rose et dorée comme un fruit.

HÉMON, *murmure.* Antigone...

ANTIGONE. Oh! Je suis toute rouge de honte. Mais il faut que je sache ce matin. Dis la vérité, je t'en prie. Quand tu penses que je serai à toi, est-ce que tu sens au milieu de toi comme un grand trou qui se creuse, comme quelque chose qui meurt?

HÉMON. Oui, Antigone.

ANTIGONE, *dans un souffle, après un temps.* Moi, je sens comme cela. Et je voulais te dire que j'aurais été très fière d'être ta femme, ta vraie femme, sur qui tu aurais posé ta main, le soir, en t'asseyant, sans penser, comme sur une chose bien à toi.

Elle s'est détachée de lui, elle a pris un autre ton.

Voilà. Maintenant, je vais te dire encore deux choses. Et quand je les aurai dites il faudra que tu sortes sans me questionner. Même si elles te paraissent extraordinaires, même si elles te font de la peine. Jure-le moi.

HÉMON. Qu'est-ce que tu vas me dire encore?

ANTIGONE. Jure-moi d'abord que tu sortiras sans rien me dire. Sans même me regarder. Si tu m'aimes, jure-le-moi.

Elle le regarde avec son pauvre visage bouleversé.

Tu vois comme je te le demande, jure-le-moi, s'il te plaît, Hémon... C'est la dernière folie que tu auras à me passer.

HÉMON, *après un temps.* Je te le jure.

ANTIGONE. Merci. Alors, voilà. Hier d'abord. Tu me demandais tout à l'heure pourquoi j'étais venue avec une robe d'Ismène, ce parfum et ce rouge à lèvres. J'étais bête. Je n'étais pas très sûre que tu me désires vraiment et j'avais fait tout cela pour être un peu plus comme les autres filles, pour te donner envie de moi.

HÉMON. C'était pour cela?

ANTIGONE. Oui. Et tu as ri et nous nous sommes disputés et mon mauvais caractère a été le plus fort, je me suis sauvée.

Elle ajoute plus bas.

Mais j'étais venue chez toi pour que tu me prennes hier soir, pour que je sois ta femme avant.

Il recule, il va parler, elle crie.

Tu m'as juré de ne pas me demander pourquoi. Tu m'as juré, Hémon!

Elle dit plus bas, humblement.

Je t'en supplie...

Et elle ajoute, se détournant, dure.

D'ailleurs, je vais te dire. Je voulais être ta femme quand même parce que je t'aime comme cela, moi, très fort, et que — je vais te faire de la peine, ô mon chéri, pardon! — que jamais, jamais, je ne pourrai t'épouser.

Il est resté muet de stupeur, elle court à la fenêtre, elle crie.

Hémon, tu me l'as juré! Sors. Sors tout de suite sans rien dire. Si tu parles, si tu fais un seul pas vers moi, je me jette par cette fenêtre. Je te le jure, Hémon. Je te le jure sur la tête du petit garçon que nous avons eu tous les deux en rêve, du seul petit garçon que j'aurai jamais. Pars maintenant, pars vite. Tu sauras demain. Tu sauras tout à l'heure.

Elle achève avec un tel désespoir qu'Hémon obéit et s'éloigne.

S'il te plaît, pars, Hémon. C'est tout ce que tu peux faire encore pour moi, si tu m'aimes.

Il est sorti. Elle reste sans bouger, le dos à la salle, puis elle referme la fenêtre, elle vient s'asseoir sur une petite chaise au milieu de la scène, et dit doucement, comme étrangement apaisée.

Voilà. C'est fini pour Hémon, Antigone.

ISMÈNE, *est entrée, appelant.* Antigone!... Ah, tu es là!

ANTIGONE, *sans bouger.* Oui, je suis là.

ISMÈNE. Je ne peux pas dormir. J'avais peur que tu sortes, et que tu tentes de l'enterrer malgré le jour. Antigone, ma petite sœur, nous sommes tous là autour de toi, Hémon, nounou et moi, et Douce, ta chienne... Nous t'aimons et nous sommes vivants, nous, nous avons besoin de toi. Polynice est mort et il ne t'aimait pas. Il a toujours été un étranger pour nous, un mauvais frère. Oublie-le, Antigone, comme il nous avait oubliées. Laisse son ombre dure errer éternellement sans sépulture, puisque c'est la loi de Créon. Ne tente pas ce qui est au-dessus de tes forces.* Tu braves tout toujours, mais tu es toute petite, Antigone. Reste avec nous, ne va pas là-bas cette nuit, je t'en supplie.

ANTIGONE, *s'est levée, un étrange petit sourire sur les lèvres, elle va vers la porte et du seuil, doucement, elle dit.*

C'est trop tard. Ce matin, quand tu m'as rencontrée, j'en venais.

Elle est sortie, Ismène la suit avec un cri.

ISMÈNE. Antigone!

Dès qu'Ismène est sortie, Créon entre par une autre porte avec son page.

CRÉON. Un garde, dis-tu? Un de ceux qui gardent le cadavre? Fais-le entrer.

Le garde entre. C'est une brute. Pour le moment il est vert de peur.

LE GARDE, *se présente au garde-à-vous.* Garde Jonas, de la Deuxième Compagnie.

CRÉON. Qu'est-ce que tu veux?

LE GARDE. Voilà, chef. On a tiré au sort pour savoir celui qui viendrait. Et le sort est tombé sur moi. Alors, voilà, chef. Je suis venu parce qu'on a pensé qu'il valait mieux qu'il n'y en ait qu'un qui explique, et puis parce qu'on ne pouvait pas abandonner le poste tous les trois. On est les trois du piquet de garde, chef, autour du cadavre.

CRÉON. Qu'as-tu à me dire?

LE GARDE. On est trois, chef. Je ne suis pas tout seul.

Les autres c'est Durand et le garde de première classe* Boudousse.

CRÉON. Pourquoi n'est-ce pas le première classe* qui est venu?

LE GARDE. N'est-ce pas, chef? Je l'ai dit tout de suite, moi. C'est le première classe qui doit y aller. Quand il n'y a pas de gradé, c'est le première classe qui est responsable. Mais les autres ils ont dit non et ils ont voulu tirer au sort. Faut-il que j'aille chercher le première classe, chef?

CRÉON. Non. Parle, toi, puisque tu es là.

LE GARDE. J'ai dix-sept ans de service. Je suis engagé volontaire, la médaille, deux citations. Je suis bien noté, chef. Moi je suis «service».* Je ne connais que ce qui est commandé. Mes supérieurs ils disent toujours: «Avec Jonas on est tranquille.»

CRÉON. C'est bon. Parle. De quoi as-tu peur?

LE GARDE. Régulièrement* ça aurait dû être le première classe. Moi je suis proposé première classe,* mais je ne suis pas encore promu. Je devais être promu en juin.

CRÉON. Vas-tu parler enfin? S'il est arrivé quelque chose, vous êtes tous les trois responsables. Ne cherche plus qui devrait être là.

LE GARDE. Hé bien, voilà, chef: le cadavre... On a veillé pourtant! On avait la relève de deux heures,* la plus dure. Vous savez ce que c'est, chef, au moment où la nuit va finir. Ce plomb entre les yeux, la nuque qui tire, et puis toutes ces ombres qui bougent et le brouillard du petit matin qui se lève... Ah! ils ont bien choisi leur heure!... On était là, on parlait, on battait la semelle. On ne dormait pas, chef, ça on peut vous le jurer tous les trois qu'on ne dormait pas! D'ailleurs, avec le froid qu'il faisait... Tout d'un coup, moi je regarde le cadavre...

On était à deux pas, mais moi je le regardais de temps en temps tout de même... Je suis comme ça, moi, chef, je suis méticuleux. C'est pour ça que mes supérieurs ils disent: «Avec Jonas...»

Un geste de Créon l'arrête, il crie soudain.

C'est moi qui l'ai vu le premier, chef! Les autres vous le diront, c'est moi qui ai donné le premier l'alarme!

CRÉON. L'alarme? Pourquoi?

LE GARDE. Le cadavre, chef. Quelqu'un l'avait recouvert. Oh! pas grand'chose. Ils n'avaient pas eu le temps avec nous autres à côté. Seulement un peu de terre... Mais assez tout de même pour le cacher aux vautours.

CRÉON, *va à lui.* Tu es sûr que ce n'est pas une bête en grattant?

LE GARDE. Non, chef. On a d'abord espéré ca, nous aussi. Mais la terre était jetée sur lui. Selon les rites.* C'est quelqu'un qui savait ce qu'il faisait.

CRÉON. Qui a osé? Qui a été assez fou pour braver ma loi? As-tu relevé des traces?

LE GARDE. Rien, chef. Rien qu'un pas plus léger qu'un passage d'oiseau. Après, en cherchant mieux, le garde Durand a trouvé plus loin une pelle, une petite pelle d'enfant toute vieille, toute rouillée. On a pensé que ça ne pouvait pas être un enfant qui avait fait le coup. Le première classe l'a gardée tout de même pour l'enquête.

CRÉON, *rêve un peu.* Un enfant... L'opposition brisée qui sourd et mine déjà partout.* Les amis de Polynice avec leur or bloqué dans Thèbes, les chefs de la plèbe puant l'ail,* soudainement alliés aux princes, et les prêtres essayant de pêcher un petit quelque chose au milieu de tout cela... Un enfant! Ils ont dû penser que cela serait plus touchant. Je le vois d'ici, leur enfant, avec sa gueule de tueur appointé* et la petite pelle soigneusement enveloppée dans du papier sous sa veste. A moins qu'ils n'aient dressé un vrai enfant,* avec des phrases... Une innocence inestimable pour le parti. Un vrai petit garçon pâle qui crachera devant mes fusils. Un précieux sang bien frais sur mes mains, double aubaine.

Il va à l'homme.

Mais ils ont des complices, et dans ma garde peut-être. Écoute bien, toi...

LE GARDE. Chef, on a fait tout ce qu'on devait faire! Durand s'est assis une demi-heure parce qu'il avait mal aux pieds, mais moi, chef, je suis resté tout le temps debout. Le première classe vous le dira.

CRÉON. A qui avez-vous déjà parlé de cette affaire?

LE GARDE. A personne, chef. On a tout de suite tiré au sort, et je suis venu.

CRÉON. Écoute bien. Votre garde est doublée. Renvoyez la relève. Voilà l'ordre. Je ne veux que vous près du cadavre. Et pas un mot. Vous êtes coupables d'une négligence, vous serez punis de toute façon, mais si tu parles, si le bruit court dans la ville qu'on a recouvert le cadavre de Polynice, vous mourrez tous les trois.

LE GARDE, *gueule.* On n'a pas parlé, chef, je vous le jure! Mais moi, j'étais ici et peut-être que les autres ils l'ont déjà dit à la relève...

Il sue à grosses gouttes, il bafouille.

Chef, j'ai deux enfants. Il y en a un qui est tout petit. Vous témoignerez pour moi que j'étais ici, chef, devant le conseil de guerre. J'étais ici, moi, avec vous! J'ai un témoin! Si on a parlé, ça sera les autres, ça ne sera pas moi! J'ai un témoin, moi!

CRÉON. Va vite. Si personne ne sait, tu vivras.

Le garde sort en courant. Créon reste un instant muet. Soudain, il murmure.

Un enfant.

Il a pris le petit page par l'épaule.

Viens, petit. Il faut que nous allions raconter tout cela maintenant... Et puis, la jolie besogne commencera. Tu mourrais, toi, pour moi? Tu crois que tu irais avec ta petite pelle?

Le petit le regarde. Il sort avec lui, lui caressant la tête.

Oui, bien sûr, tu irais tout de suite toi aussi...

On l'entend soupirer encore en sortant.

Un enfant...

Ils sont sortis. Le chœur entre.

LE CHŒUR. Et voilà. Maintenant le ressort est bandé. Cela n'a plus qu'à se dérouler tout seul. C'est cela qui est commode dans la tragédie. On donne le petit coup de pouce pour que cela démarre, rien, un regard pendant une seconde à une fille qui passe et lève les bras dans la rue, une envie d'honneur un beau matin, au réveil, comme de quelque chose qui se mange, une question de trop qu'on se pose un soir... C'est tout. Après, on n'a plus qu'à laisser faire. On est tranquille. Cela roule tout seul. C'est minutieux,* bien huilé depuis toujours. La mort, la trahison, le désespoir sont là, tout prêts, et les éclats, et les orages, et les silences, tous les silences: le silence quand le bras du bourreau se lève à la fin; le silence au commencement quand les deux amants sont nus l'un en face de l'autre pour la première fois, sans oser bouger tout de suite, dans la chambre sombre; le silence quand les cris de la foule éclatent autour du vainqueur — et on dirait un film dont le son s'est enrayé, toutes ces bouches ouvertes dont il ne sort rien, toute cette clameur qui n'est qu'une image, et le vainqueur, déjà vaincu, seul au milieu de son silence...

C'est propre, la tragédie. C'est reposant, c'est sûr... Dans le drame,* avec ces traîtres, avec ces méchants acharnés, cette innocence persécutée, ces vengeurs, ces terre-neuve,* ces lueurs d'espoir, cela devient épouvantable de mourir, comme un accident. On aurait peut-être pu se sauver, le bon jeune homme aurait peut-être pu arriver à temps avec les gendarmes. Dans la tragédie on est tranquille. D'abord, on est entre soi.* On est tous innocents en somme!* Ce n'est pas parce qu'il y en a un qui tue et l'autre qui est tué. C'est une question de distribution.* Et puis, surtout, c'est reposant, la tragédie, parce qu'on sait qu'il n'y a plus d'espoir, le sale espoir;* qu'on est pris, qu'on est enfin pris comme un rat, avec tout le ciel sur son dos, et qu'on n'a plus qu'à crier, — pas à gémir, non, pas à se plaindre,*—à gueuler à pleine voix ce qu'on avait à dire, qu'on n'avait jamais dit et qu'on ne savait peut-être même pas encore.* Et pour rien: pour se le dire à soi, pour l'apprendre, soi. Dans le drame, on se débat parce qu'on espère en sortir. C'est ignoble, c'est utilitaire. Là, c'est gratuit. C'est pour les rois.* Et il n'y a plus rien à tenter, enfin!

Antigone est entrée, poussée par les gardes.

LE CHŒUR. Alors, voilà, cela commence. La petite Antigone est prise. La petite Antigone va pouvoir être elle-même pour la première fois.

Le chœur disparaît, tandis que les gardes poussent Antigone en scène.

LE GARDE, *qui a repris tout son aplomb.* Allez, allez, pas d'histoires! Vous vous expliquerez devant le chef. Moi, je ne connais que la consigne. Ce que vous aviez à faire là, je ne veux pas le savoir. Tout le monde a des excuses, tout le monde a quelque chose à objecter. S'il fallait écouter les gens, s'il fallait essayer de comprendre, on serait propres. Allez, allez! Tenez-la, vous autres, et pas d'histoires! Moi, ce qu'elle a à dire, je ne veux pas le savoir!

ANTIGONE. Dis-leur de me lâcher, avec leurs sales mains. Ils me font mal.

LE GARDE. Leurs sales mains? Vous pourriez être polie, Mademoiselle... Moi, je suis poli.

ANTIGONE. Dis-leur de me lâcher. Je suis la fille d'Œdipe, je suis Antigone. Je ne me sauverai pas.

LE GARDE. La fille d'Œdipe, oui! Les putains qu'on ramasse à la garde de nuit, elles disent aussi de se méfier, qu'elles sont la bonne amie du préfet de police!

Ils rigolent.

ANTIGONE. Je veux bien mourir, mais pas qu'ils me touchent!

LE GARDE. Et les cadavres, dis, et la terre, ça ne te fait pas peur à toucher? Tu dis «leurs sales mains»... Regarde un peu les tiennes.

*Antigone regarde ses mains tenues par les menottes avec un petit sourire. Elles sont pleines de terre.**

LE GARDE. On te l'avait prise, ta pelle? Il a fallu que tu refasses ça avec tes ongles, la deuxième fois? Ah! cette audace! Je tourne le dos une seconde, je te demande une chique, et allez, le temps de me la caler dans la joue, le temps de dire merci, elle était là, à gratter comme une petite hyène. Et en plein jour! Et c'est qu'elle se débattait, cette garce, quand j'ai voulu la prendre! C'est qu'elle voulait me sauter aux yeux! Elle criait qu'il fallait qu'elle finisse... C'est une folle, oui!

LE DEUXIÈME GARDE. J'en ai arrêté une autre, de folle, l'autre jour. Elle montrait son cul aux gens.

LE GARDE. Dis, Boudousse, qu'est-ce qu'on va se payer comme gueuleton tous les trois, pour fêter ça!

LE DEUXIÈME GARDE. Chez la Tordue. Il est bon, son rouge.*

LE TROISIÈME GARDE. On a quartier libre dimanche.* Si on emmenait les femmes?

LE GARDE. Non, entre nous, qu'on rigole... Avec les femmes, il y a toujours des histoires, et puis les moutards qui veulent pisser. Ah! dis, Boudousse, tout à l'heure, on ne croyait pas qu'on aurait envie de rigoler comme ça, nous autres!

LE DEUXIÈME GARDE. Ils vont peut-être nous donner une récompense.

LE GARDE. Ça se peut, si c'est important.

LE TROISIÈME GARDE. Flanchard, de la troisième, quand il a mis la main sur l'incendiaire, le mois dernier, il a eu le mois double.*

LE DEUXIÈME GARDE. Ah, dis donc ! Si on a le mois double, je propose: au lieu d'aller chez la Tordue, on va au Palais arabe.

LE GARDE. Pour boire? T'es pas fou? Ils te vendent la bouteille le double au Palais. Pour monter, d'accord. Écoutez-moi, je vais vous dire: on va d'abord chez la Tordue, on se les cale comme il faut* et après on va au Palais. Dis, Boudousse, tu te rappelles la grosse, du Palais?

LE DEUXIÈME GARDE. Ah! ce que t'étais saoul, toi, ce jour-là!

LE TROISIÈME GARDE. Mais nos femmes, si on a le mois double, elles le sauront. Si ça se trouve,* on sera peut-être publiquement félicités.

LE GARDE. Alors on verra. La rigolade c'est autre chose. S'il y a une cérémonie dans la cour de la caserne, comme pour les décorations, les femmes viendront aussi et les gosses. Et alors on ira tous chez la Tordue.

LE DEUXIÈME GARDE. Oui, mais il faudra lui commander le menu d'avance.

ANTIGONE, *demande d'une petite voix.* Je voudrais m'asseoir un peu, s'il vous plaît.

LE GARDE, *après un temps de réflexion.* C'est bon, qu'elle s'asseye. Mais ne la lâchez pas, vous autres.

Créon entre, le garde gueule aussitôt.

LE GARDE. Garde à vous!

CRÉON, *s'est arrêté, surpris.* Lâchez cette jeune fille. Qu'est-ce que c'est?

LE GARDE. C'est le piquet de garde, chef. On est venu avec les camarades.

CRÉON. Qui garde le corps?

LE GARDE. On a appelé la relève, chef.

CRÉON. Je t'avais dit de la renvoyer! Je t'avais dit de ne rien dire.

LE GARDE. On n'a rien dit, chef. Mais comme on a arrêté celle-là, on a pensé qu'il fallait qu'on vienne. Et cette fois on n'a pas tiré au sort. On a préféré venir tous les trois.

CRÉON. Imbéciles!

A Antigone.

Où t'ont-ils arrêtée?

LE GARDE. Près du cadavre, chef.

CRÉON. Qu'allais-tu faire près du cadavre de ton frère? Tu savais que j'avais interdit de l'approcher.

LE GARDE. Ce qu'elle faisait, chef? C'est pour ca qu'on vous l'amène. Elle grattait la terre avec ses mains. Elle était en train de le recouvrir encore une fois.

CRÉON. Sais-tu bien ce que tu es en train de dire, toi?

LE GARDE. Chef, vous pouvez demander aux autres. On avait dégagé le corps à mon retour; mais avec le soleil qui chauffait, comme il commençait à sentir, on s'était mis sur une petite hauteur, pas loin, pour être dans le vent.* On se disait qu'en plein jour on ne risquait rien. Pourtant on avait décidé, pour être plus sûrs, qu'il y en aurait toujours un de nous trois qui le regarderait. Mais à midi, en plein soleil, et puis avec l'odeur qui montait* depuis que le vent était tombé, c'était comme un coup de massue. J'avais beau écarquiller les yeux, ça tremblait comme de la gélatine,* je voyais plus.* Je vais au camarade lui demander une chique pour passer ça...* Le temps que je me la cale à la joue, chef, le temps que je lui dise merci, je me retourne: elle était là à gratter avec ses mains. En plein jour! Elle devait bien penser qu'on ne pouvait pas ne pas la voir. Et quand elle a vu que je lui courais dessus,* vous croyez qu'elle s'est arrêtée, qu'elle a essayé de se sauver peut-être? Non. Elle a continué de toutes ses forces, aussi vite qu'elle pouvait, comme si elle ne me voyait pas arriver. Et quand je l'ai empoignée, elle se débattait comme une diablesse, elle voulait continuer encore, elle me criait de la laisser, que le corps n'était pas encore tout à fait recouvert...

CRÉON, *à Antigone*. C'est vrai?

ANTIGONE. Oui, c'est vrai.

LE GARDE. On a redécouvert le corps, comme de juste, et puis on a passé la relève,* sans parler de rien, et on est venu vous l'amener, chef. Voilà.

CRÉON. Et cette nuit, la première fois, c'était toi aussi?

ANTIGONE. Oui. C'était moi. Avec une petite pelle de fer qui nous servait à faire des châteaux de sable sur la plage, pendant les vacances. C'était justement la pelle de Polynice. Il avait gravé son nom au couteau sur le manche. C'est pour cela que je l'ai laissée près de lui. Mais ils l'ont prise. Alors, la seconde fois, j'ai dû recommencer avec mes mains.

LE GARDE. On aurait dit une petite bête qui grattait. Même qu'au premier coup d'œil, avec l'air chaud qui tremblait, le camarade dit:* «Mais non, c'est une bête.» «Penses-tu, je lui dis, c'est trop fin pour une bête.* C'est une fille.»

CRÉON. C'est bien. On vous demandera peut-être un rapport tout à l'heure. Pour le moment, laissez-moi seul avec elle. Conduis ces hommes à côté, petit. Et qu'ils restent au secret jusqu'à ce que je revienne les voir.

LE GARDE. Faut-il lui remettre les menottes, chef?

CRÉON. Non.

Les gardes sont sortis, précédés par le petit page. Créon et Antigone sont seuls l'un en face de l'autre.

CRÉON. Avais-tu parlé de ton projet à quelqu'un?

ANTIGONE. Non.

CRÉON. As-tu rencontré quelqu'un sur ta route?

ANTIGONE. Non, personne.

CRÉON. Tu en es bien sûre?

ANTIGONE. Oui.

CRÉON. Alors, écoute: tu vas rentrer chez toi, te coucher, dire que tu es malade, que tu n'es pas sortie depuis hier. Ta nourrice dira comme toi. Je ferai disparaître ces trois hommes.

ANTIGONE. Pourquoi? Puisque vous savez bien que je recommencerai.

Un silence. Ils se regardent.

CRÉON. Pourquoi as-tu tenté d'enterrer ton frère?

ANTIGONE. Je le devais.

CRÉON. Je l'avais interdit.

ANTIGONE, *doucement.* Je le devais tout de même. Ceux qu'on n'enterre pas errent éternellement sans jamais trouver de repos. Si mon frère vivant était rentré harassé d'une longue chasse, je lui aurais enlevé ses chaussures, je lui aurais fait à manger,* je lui aurais préparé son lit... Polynice aujourd'hui a achevé sa chasse. Il rentre à la maison où mon père et ma mère, et Étéocle aussi, l'attendent. Il a droit au repos.

CRÉON. C'était un révolté et un traître, tu le savais.

ANTIGONE. C'était mon frère.

CRÉON. Tu avais entendu proclamer l'édit aux carrefours, tu avais lu l'affiche sur tous les murs de la ville?

ANTIGONE. Oui.

CRÉON. Tu savais le sort qui y était promis à celui, quel qu'il soit, qui oserait lui rendre les honneurs funèbres?

ANTIGONE. Oui, je le savais.

CRÉON. Tu as peut-être cru que d'être la fille d'Œdipe, la fille de l'orgueil d'Œdipe, c'était assez pour être au-dessus de la loi.

ANTIGONE. Non. Je n'ai pas cru cela.

CRÉON. La loi est d'abord faite pour toi, Antigone, la loi est d'abord faite pour les filles des rois!

ANTIGONE. Si j'avais été une servante en train de faire sa vaisselle, quand j'ai entendu lire l'édit, j'aurais essuyé l'eau grasse de mes bras et je serais sortie avec mon tablier pour aller enterrer mon frère.

CRÉON. Ce n'est pas vrai. Si tu avais été une servante, tu n'aurais pas douté que tu allais mourir et tu serais restée à pleurer ton frère chez toi. Seulement tu as pensé que tu étais de race royale, ma nièce et la fiancée de mon fils, et que, quoi qu'il arrive, je n'oserais pas te faire mourir.

ANTIGONE. Vous vous trompez. J'étais certaine que vous me feriez mourir au contraire.

CRÉON, *la regarde et murmure soudain.* L'orgueil d'Œdipe. Tu es l'orgueil d'Œdipe. Oui, maintenant que je l'ai retrouvé au fond de tes yeux, je te crois. Tu as dû penser que je te ferais mourir. Et cela te paraissait un dénouement tout naturel pour toi, orgueilleuse! Pour ton père non plus — je ne dis pas le bonheur, il n'en était pas question — le malheur humain, c'était trop peu. L'humain vous gêne aux entournures dans la famille.* Il vous faut un tête-à-tête avec le destin et la mort. Et tuer votre père et coucher avec votre mère et apprendre tout cela après, avidement, mot par mot. Quel breuvage, hein, les mots qui vous condamnent ? Et comme on les boit goulûment quand on s'appelle Œdipe, ou Antigone. Et le plus simple après, c'est encore de se crever les yeux et d'aller mendier avec ses enfants sur les routes... Eh bien, non. Ces temps sont révolus pour Thèbes. Thèbes a droit maintenant à un prince sans histoire. Moi, je m'appelle seulement Créon, Dieu merci. J'ai mes deux pieds par terre, mes deux mains enfoncées dans mes poches et, puisque je suis roi, j'ai résolu, avec moins d'ambition que ton père, de m'employer tout simplement à rendre l'ordre de ce monde un peu moins absurde, si c'est possible. Ce n'est même pas une aventure, c'est un métier pour tous les jours et pas toujours drôle, comme tous les métiers. Mais puisque je suis là pour le faire, je vais le faire... Et si demain un messager crasseux dévale du fond des montagnes pour m'annoncer qu'il n'est pas très sûr non plus de ma naissance, je le prierai tout simplement de s'en retourner d'où il vient et je ne m'en irai pas pour si peu regarder ta tante sous le nez et me mettre à confronter les dates.* Les rois ont autre chose à faire que du pathétique personnel,* ma petite fille.

Il a été à elle, il lui prend le bras.

Alors, écoute-moi bien. Tu es Antigone, tu es la fille d'Œdipe, soit, mais tu as vingt ans et il n'y a pas longtemps encore tout cela se serait réglé par du pain sec et une paire de gifles.

Il la regarde souriant.

Te faire mourir! Tu ne t'es pas regardée, moineau! Tu es trop maigre. Grossis un peu, plutôt, pour faire un gros garçon à Hémon.* Thèbes en a besoin plus que de ta mort, je te l'assure. Tu vas rentrer chez toi tout de suite, pour faire ce que je t'ai dit et te taire. Je me charge du silence des autres. Allez, va! Et ne me foudroie pas comme cela du regard. Tu me prends pour une brute, c'est entendu, et tu dois penser que je suis décidément bien prosaïque. Mais je t'aime bien tout de même avec ton sale caractère. N'oublie pas que c'est moi qui t'ai fait cadeau de ta première poupée, il n'y a pas si longtemps.

Antigone ne répond pas. Elle va sortir. Il l'arrête.

CRÉON. Antigone! C'est par cette porte qu'on regagne ta chambre. Où t'en vas-tu par là?

ANTIGONE, *s'est arrêtée, elle lui répond doucement, sans forfanterie.* Vous le savez bien...

Un silence. Ils se regardent encore debout l'un en face de l'autre.

CRÉON, *murmure, comme pour lui.* Quel jeu joues-tu?

ANTIGONE. Je ne joue pas.

CRÉON. Tu ne comprends donc pas que si quelqu'un d'autre que ces trois brutes sait tout à l'heure ce que tu as tenté de faire, je serai obligé de te faire mourir? Si tu te tais maintenant, si tu renonces à cette folie, j'ai une chance de te sauver, mais je ne l'aurai plus dans cinq minutes. Le comprends-tu?

ANTIGONE. Il faut que j'aille enterrer mon frère que ces hommes ont découvert.

CRÉON. Tu irais refaire ce geste absurde? Il y a une autre garde autour du corps de Polynice et, même si tu parviens à le recouvrir encore, on dégagera son cadavre, tu le sais bien. Que peux-tu donc, sinon t'ensanglanter encore les ongles et te faire prendre?

ANTIGONE. Rien d'autre que cela, je le sais. Mais cela, du moins, je le peux. Et il faut faire ce que l'on peut.

CRÉON. Tu y crois donc vraiment, toi, à cet enterrement dans les règles? A cette ombre de ton frère condamnée à errer toujours si on ne jette pas sur le cadavre un peu de terre avec la formule du prêtre? Tu leur as déjà entendu la réciter, aux prêtres de Thèbes, la formule? Tu as vu ces pauvres têtes d'employés fatigués écourtant les gestes, avalant les mots, bâclant ce mort* pour en prendre un autre avant le repas de midi?

ANTIGONE. Oui, je les ai vus.

CRÉON. Est-ce que tu n'as jamais pensé alors que si c'était un être que tu aimais vraiment, qui était là, couché dans cette boîte, tu te mettrais à hurler tout d'un coup? A leur crier de se taire, de s'en aller?

ANTIGONE. Si, je l'ai pensé.

CRÉON. Et tu risques la mort maintenant parce que j'ai refusé à ton frère ce passeport dérisoire, ce bredouillage en série sur sa dépouille, cette pantomime dont tu aurais été la première à avoir honte et mal si on l'avait jouée. C'est absurde!

ANTIGONE. Oui, c'est absurde.

CRÉON. Pourquoi fais-tu ce geste, alors? Pour les autres, pour ceux qui y croient? Pour les dresser contre moi?*

ANTIGONE. Non.

CRÉON. Ni pour les autres, ni pour ton frère? Pour qui alors?

ANTIGONE. Pour personne. Pour moi.

CRÉON, *la regarde en silence.* Tu as donc bien envie de mourir? Tu as déjà l'air d'un petit gibier pris.

ANTIGONE. Ne vous attendrissez pas sur moi. Faites comme moi. Faites ce que vous avez à faire. Mais si vous êtes un être humain, faites-le vite. Voilà tout ce que je vous demande. Je n'aurai pas du courage éternellement, c'est vrai.

CRÉON, *se rapproche.* Je veux te sauver, Antigone.

ANTIGONE. Vous êtes le roi, vous pouvez tout, mais cela, vous ne le pouvez pas.

CRÉON. Tu crois?

ANTIGONE. Ni me sauver, ni me contraindre.

CRÉON. Orgueilleuse! Petite Œdipe!

ANTIGONE. Vous pouvez seulement me faire mourir.

CRÉON. Et si je te fais torturer?

ANTIGONE. Pourquoi? Pour que je pleure, que je demande grâce, pour que je jure tout ce qu'on voudra, et que je recommence après, quand je n'aurai plus mal?

CRÉON, *lui serre le bras.* Écoute-moi bien. J'ai le mauvais rôle, c'est entendu, et tu as le bon. Et tu le sens. Mais n'en profite tout de même pas trop, petite peste... Si j'étais une bonne brute ordinaire de tyran, il y aurait déjà longtemps qu'on t'aurait arraché la langue, tiré les membres aux tenailles,* ou jetée dans un trou. Mais tu vois dans mes yeux quelque chose qui hésite, tu vois que je te laisse parler au lieu d'appeler mes soldats; alors, tu nargues, tu attaques tant que tu peux. Où veux-tu en venir, petite furie?

ANTIGONE. Lâchez-moi. Vous me faites mal au bras avec votre main.

CRÉON, *qui serre plus fort.* Non. Moi, je suis le plus fort comme cela, j'en profite aussi.

ANTIGONE, *pousse un petit cri.* Aïe!

CRÉON, *dont les yeux rient.* C'est peut-être ce que je devrais faire après tout, tout simplement, te tordre le poignet, te tirer les cheveux comme on fait aux filles dans les jeux.

Il la regarde encore. Il redevient grave. Il lui dit tout près.

Je suis ton oncle, c'est entendu, mais nous ne sommes pas tendres les uns pour les autres, dans la famille. Cela ne te semble pas drôle, tout de même, ce roi bafoué qui t'écoute, ce vieux homme* qui peut tout et qui en a vu tuer d'autres, je t'assure, et d'aussi attendrissants que toi, et qui est là, à se donner toute cette peine pour essayer de t'empêcher de mourir?

ANTIGONE, *après un temps.* Vous serrez trop, maintenant. Cela ne me fait même plus mal. Je n'ai plus de bras.

CRÉON, *la regarde et la lâche avec un petit sourire. Il murmure.* Dieu sait pourtant si j'ai autre chose à faire aujourd'hui, mais je vais tout de même perdre le temps qu'il faudra et te sauver, petite peste.

*Il la fait asseoir sur une chaise au milieu de la pièce. Il enlève sa veste, il s'avance vers elle, lourd, puissant, en bras de chemise.**

Au lendemain d'une révolution ratée, il y a du pain sur la planche,* je te l'assure. Mais les affaires urgentes attendront. Je ne veux pas te laisser mourir dans une histoire de politique. Tu vaux mieux que cela. Parce que ton Polynice, cette ombre éplorée et ce corps qui se décompose entre ses gardes et tout ce pathétique qui t'enflamme, ce n'est qu'une histoire de politique. D'abord, je ne suis pas tendre, mais je suis délicat; j'aime ce qui est propre, net, bien lavé. Tu crois que cela ne me dégoûte pas autant que toi, cette viande qui pourrit au soleil? Le soir, quand le vent vient de la mer, on la sent déjà du palais. Cela me soulève le cœur. Pourtant, je ne vais même pas fermer ma fenêtre. C'est ignoble, et je peux te le dire à toi, c'est bête, monstrueusement bête, mais il faut que tout Thèbes sente cela pendant quelque temps. Tu penses bien que je l'aurais fait enterrer, ton frère, ne fût-ce que pour l'hygiène! Mais pour que les brutes que je gouverne comprennent, il faut que cela pue le cadavre de Polynice dans toute la ville, pendant un mois.

ANTIGONE. Vous êtes odieux!

CRÉON. Oui, mon petit. C'est le métier qui le veut. Ce qu'on peut discuter, c'est s'il faut le faire ou ne pas le faire. Mais si on le fait, il faut le faire comme cela.

ANTIGONE. Pourquoi le faites-vous?

CRÉON. Un matin, je me suis réveillé roi de Thèbes. Et Dieu sait si j'aimais autre chose dans la vie que d'être puissant...

ANTIGONE. Il fallait dire non, alors!

CRÉON. Je le pouvais. Seulement, je me suis senti tout d'un coup comme un ouvrier qui refusait un ouvrage. Cela ne m'a pas paru honnête. J'ai dit oui.

ANTIGONE. Eh bien, tant pis pour vous! Moi, je n'ai pas dit «oui». Qu'est-ce que vous voulez que cela me fasse, à moi, votre politique, votre nécessité, vos pauvres histoires? Moi, je peux dire «non» encore à tout ce que je n'aime pas et je suis seul juge. Et vous, avec votre couronne, avec vos gardes, avec votre attirail, vous pouvez seulement me faire mourir, parce que vous avez dit «oui».

CRÉON. Écoute-moi.

ANTIGONE. Si je veux, moi, je peux ne pas vous écouter. Vous avez dit «oui». Je n'ai plus rien à apprendre de vous. Pas vous. Vous êtes là à boire mes paroles. Et si vous n'appelez pas vos gardes, c'est pour m'écouter jusqu'au bout.

CRÉON. Tu m'amuses!

ANTIGONE. Non. Je vous fais peur. C'est pour cela que vous essayez de me sauver. Ce serait tout de même plus commode de garder une petite Antigone vivante et muette dans ce palais. Vous êtes trop sensible pour faire un bon tyran, voilà tout. Mais vous allez me faire mourir tout de même tout à l'heure, vous le savez, et c'est pour cela que vous avez peur. C'est laid un homme qui a peur.

CRÉON, *sourdement.* Eh bien, oui, j'ai peur d'être obligé de te faire tuer si tu t'obstines. Et je ne le voudrais pas.

ANTIGONE. Moi, je ne suis pas obligée de faire ce que je ne voudrais pas! Vous n'auriez pas voulu non plus, peut-être, refuser une tombe à mon frère? Dites-le donc, que vous ne l'auriez pas voulu?

CRÉON. Je te l'ai dit.

ANTIGONE. Et vous l'avez fait toût de même. Et maintenant, vous allez me faire tuer sans le vouloir. Et c'est cela, être roi!

CRÉON. Oui, c'est cela!

ANTIGONE. Pauvre Creon! Avec mes ongles cassés et pleins de terre et les bleus que tes gardes m'ont faits aux bras, avec ma peur qui me tord le ventre, moi je suis reine.

CRÉON. Alors, aie pitié de moi, vis. Le cadavre de ton frère qui pourrit sous mes fenêtres, c'est assez payé pour que l'ordre règne dans Thèbes. Mon fils t'aime. Ne m'oblige pas à payer avec toi encore. J'ai assez payé.

ANTIGONE. Non. Vous avez dit «oui». Vous ne vous arrêterez jamais de payer maintenant!

CRÉON, *la secoue soudain, hors de lui.* Mais, bon Dieu! Essaie de comprendre une minute, toi aussi, petite idiote! J'ai bien essayé de te comprendre, moi. Il faut pourtant qu'il y en ait qui disent oui. Il faut pourtant qu'il y en ait qui mènent la barque.* Cela prend l'eau de toutes parts, c'est plein de crimes, de bêtise, de misère... Et le gouvernail est là qui ballotte. L'équipage ne veut plus rien faire, il ne pense qu'à piller la cale et les officiers sont déjà en train de se construire un petit radeau confortable, rien que pour eux, avec toute la provision d'eau douce pour tirer au moins leurs os de là. Et le mât craque, et le vent siffle, et les voiles vont se déchirer, et toutes ces brutes vont crever toutes ensemble, parce qu'elles ne pensent qu'à leur peau, à leur précieuse peau et à leurs petites affaires. Crois-tu, alors, qu'on a le temps de faire le raffiné, de savoir s'il faut dire «oui» ou «non», de se demander s'il ne faudra pas payer trop cher un jour et si on pourra encore être un homme après? On prend le bout de bois, on redresse devant la montagne d'eau, on gueule un ordre et on tire dans le tas,* sur le premier qui s'avance. Dans le tas! Cela n'a pas de nom. C'est comme la vague qui vient de s'abattre sur le pont devant vous; le vent qui vous gifle, et la chose qui tombe dans le groupe n'a pas de nom. C'était peut-être celui qui t'avait donné du feu en souriant la veille. Il n'a plus de nom. Et toi non plus, tu n'as plus de nom, cramponné à la barre. Il n'y a plus que le bateau qui ait un nom et la tempête. Est-ce que tu le comprends, cela?

ANTIGONE, *secoue la tête.* Je ne veux pas comprendre. C'est bon pour vous. Moi je suis là pour autre chose que pour comprendre. Je suis là pour vous dire non et pour mourir.

CRÉON. C'est facile de dire non!

ANTIGONE. Pas toujours.

CRÉON. Pour dire oui, il faut suer et retrousser ses manches, empoigner la vie à pleines mains et s'en mettre jusqu'aux coudes. C'est facile de dire non, même si on doit mourir. Il n'y a qu'à ne pas bouger et attendre. Attendre pour vivre, attendre même pour qu'on vous tue. C'est trop lâche. C'est une invention des hommes. Tu imagines un monde où les arbres aussi auraient dit non contre la sève, où les bêtes auraient dit non contre l'instinct de la chasse ou de l'amour? Les bêtes, elles au moins, sont bonnes et simples et dures. Elles vont, se poussant les unes après les autres, courageusement, sur le même chemin. Et si elles tombent, les autres passent et il peut s'en perdre autant que l'on veut, il en restera toujours une de chaque espèce prête à refaire des petits et à reprendre le même chemin avec le même courage, toute pareille à celles qui sont passées avant.

ANTIGONE. Quel rêve, hein? pour un roi, des bêtes! Ce serait si simple.

Un silence. Créon la regarde.

CRÉON. Tu me méprises, n'est-ce pas?

Elle ne répond pas, il continue comme pour lui.

C'est drôle. Je l'ai souvent imaginé, ce dialogue avec un petit jeune homme pâle qui aurait essayé de me tuer et dont je ne pourrais rien tirer après que du mépris. Mais je ne pensais pas que ce serait avec toi et pour quelque chose d'aussi bête...

Il a pris sa tête dans ses mains. On sent qu'il est à bout de forces.

Écoute-moi tout de même pour la dernière fois. Mon rôle n'est pas bon, mais c'est mon rôle et je vais te faire tuer. Seulement, avant, je veux que toi aussi tu sois bien sûre du tien. Tu sais pourquoi tu vas mourir, Antigone? Tu sais au bas de quelle histoire sordide tu vas signer pour toujours ton petit nom sanglant?

ANTIGONE. Quelle histoire?

CRÉON. Celle d'Étéocle et de Polynice, celle de tes frères. Non, tu crois la savoir, tu ne la sais pas. Personne ne la sait dans Thèbes, que moi. Mais il me semble que toi, ce matin, tu as aussi le droit de l'apprendre.

Il rêve un temps, la tête dans ses mains, accoudé sur ses genoux. On l'entend murmurer.

Ce n'est pas bien beau, tu vas voir.

Et il commence sourdement sans regarder Antigone.

Que te rappelles-tu de tes frères, d'abord? Deux compagnons de jeux qui te méprisaient sans doute, qui te cassaient tes poupées, se chuchotant éternellement des mystères à l'oreille l'un de l'autre pour te faire enrager?

ANTIGONE. C'étaient des grands...

CRÉON. Après, tu as dû les admirer avec leurs premières cigarettes, leurs premiers pantalons longs; et puis ils ont commencé à sortir le soir, à sentir l'homme, et ils ne t'ont plus regardée du tout.

ANTIGONE. J'étais une fille...

CRÉON. Tu voyais bien ta mère pleurer, ton père se mettre en colère, tu entendais claquer les portes à leur retour et leurs ricanements dans les couloirs. Et ils passaient devant toi, goguenards et veules, sentant le vin.

ANTIGONE. Une fois, je m'étais cachée derrière une porte, c'était le matin, nous venions de nous lever et eux, ils rentraient. Polynice m'a vue, il était tout pâle, les yeux brillants et si beau dans son vêtement du soir! Il m'a dit: «Tiens, tu es là, toi?» Et il m'a donné une grande fleur de papier qu'il avait rapportée de sa nuit.

CRÉON. Et tu l'as conservée, n'est-ce pas, cette fleur? Et hier, avant de t'en aller, tu as ouvert ton tiroir et tu l'as regardée, longtemps, pour te donner du courage?

ANTIGONE, *tressaille*. Qui vous a dit cela?

CRÉON. Pauvre Antigone, avec ta fleur de cotillon! Sais-tu qui était ton frère?

ANTIGONE. Je savais que vous me diriez du mal de lui en tout cas!

CRÉON. Un petit fêtard imbécile, un petit carnassier dur et sans âme, une petite brute tout juste bonne à aller plus vite que les autres* avec ses voitures, à dépenser plus d'argent dans les bars.* Une fois, j'étais là, ton père venait de lui refuser une grosse somme qu'il avait perdue au jeu; il est devenu tout pâle et il a levé le poing en criant un mot ignoble!

ANTIGONE. Ce n'est pas vrai!

CRÉON. Son poing de brute à toute volée* dans le visage de ton père! C'était pitoyable. Ton père était assis à sa table, la tête dans ses mains. Il saignait du nez. Il pleurait. Et, dans un coin du bureau, Polynice, ricanant, qui allumait une cigarette.

ANTIGONE, *supplie presque maintenant.* Ce n'est pas vrai!

CRÉON. Rappelle-toi, tu avais douze ans. Vous ne l'avez pas revu pendant longtemps. C'est vrai, cela?

ANTIGONE, *sourdement.* Oui, c'est vrai.

CRÉON. C'était après cette dispute. Ton père n'a pas voulu le faire juger. Il s'est engagé dans l'armée argyenne.* Et, dès qu'il a été chez les Argyens, la chasse à l'homme a commencé contre ton père, contre ce vieil homme qui ne se décidait pas à mourir, à lâcher son royaume. Les attentats se succédaient et les tueurs que nous prenions finissaient toujours par avouer qu'ils avaient reçu de l'argent de lui. Pas seulement de lui, d'ailleurs. Car c'est cela que je veux que tu saches, les coulisses de ce drame où tu brûles de jouer un rôle, la cuisine.* J'ai fait faire hier des funérailles grandioses à Étéocle. Étéocle est un héros et un saint pour Thèbes maintenant. Tout le peuple était là. Les enfants des écoles ont donné tous les sous de leur tirelire pour la couronne; des vieillards, faussement émus, ont magnifié, avec des trémolos dans la voix, le bon frère, le fils fidèle d'Œdipe, le prince loyal. Moi aussi, j'ai fait un discours. Et tous les prêtres de Thèbes au grand complet, avec la tête de circonstance.* Et les honneurs militaires... Il fallait bien. Tu penses que je ne pouvais tout de même pas m'offrir le luxe d'une crapule dans les deux camps. Mais je vais te dire quelque chose, à toi, quelque chose que je sais seul, quelque chose d'effroyable: Étéocle, ce prix de vertu, ne valait pas plus cher que Polynice. Le bon fils avait essayé, lui aussi, de faire assassiner son père, le prince loyal avait décidé, lui aussi, de vendre Thèbes au plus offrant. Oui, crois-tu que c'est drôle? Cette trahison pour laquelle le corps de Polynice est en train de pourrir au soleil, j'ai la preuve maintenant qu'Étéocle, qui dort dans son tombeau de marbre, se préparait, lui aussi, à la commettre. C'est un hasard si Polynice a réussi son coup avant lui. Nous avions affaire à deux larrons en foire* qui se trompaient l'un l'autre en nous trompant et qui se sont égorgés comme deux petits voyous qu'ils étaient, pour un réglement de comptes... Seulement, il s'est trouvé que j'ai eu besoin de faire un héros de l'un d'eux. Alors, j'ai fait rechercher leurs cadavres au milieu des autres. On les a retrouvés embrassés, pour la première fois de leur vie, sans doute. Ils s'étaient embrochés mutuellement, et puis la charge de la cavalerie argyenne leur avait passé dessus. Ils étaient en bouillie, Antigone, méconnaissables. J'ai fait ramasser un des corps, le moins abîmé des deux, pour mes funérailles nationales, et j'ai donné l'ordre de laisser pourrir l'autre où il était. Je ne sais même pas lequel. Et je t'assure que cela m'est égal.

Il y a un long silence, ils ne bougent pas, sans se regarder, puis Antigone dit doucement.

ANTIGONE. Pourquoi m'avez-vous raconté cela?

Créon se lève, remet sa veste.

CRÉON. Valait-il mieux te laisser mourir dans cette pauvre histoire?

ANTIGONE. Peut-être. Moi, je croyais.

Il y a un silence encore. Créon s'approche d'elle.

CRÉON. Qu'est-ce que tu vas faire maintenant?

ANTIGONE, *se lève comme une somnambule.* Je vais remonter dans ma chambre.

CRÉON. Ne reste pas trop seule. Va voir Hémon, ce matin. Marie-toi vite.

ANTIGONE, *dans un souffle.* Oui.

CRÉON. Tu as toute ta vie devant toi. Notre discussion était bien oiseuse, je t'assure. Tu as ce trésor, toi, encore.

ANTIGONE. Oui.

CRÉON. Rien d'autre ne compte. Et tu allais le gaspiller! Je te comprends, j'aurais fait comme toi à vingt ans. C'est pour cela que je buvais tes paroles. J'écoutais du fond du temps un petit Créon maigre et pâle comme toi et qui ne pensait qu'à tout donner lui aussi... Marie-toi vite, Antigone, sois heureuse. La vie n'est pas ce que tu crois. C'est une eau que les jeunes gens laissent couler sans le savoir, entre leurs doigts ouverts. Ferme tes mains, ferme tes mains, vite. Retiens-la. Tu verras, cela deviendra une petite chose dure et simple qu'on grignote, assis au soleil. Ils te diront tous le contraire parce qu'ils ont besoin de ta force et de ton élan. Ne les écoute pas. Ne m'écoute pas quand je ferai mon prochain discours devant le tombeau d'Étéocle. Ce ne sera pas vrai. Rien n'est vrai que ce qu'on ne dit pas... Tu l'apprendras toi aussi, trop tard, la vie c'est un livre qu'on aime, c'est un enfant qui joue à vos pieds, un outil qu'on tient bien dans sa main, un banc pour se reposer le soir devant sa maison. Tu vas me mépriser encore, mais de découvrir cela, tu verras, c'est la consolation dérisoire de vieillir: la vie, ce n'est peut-être tout de même que le bonheur!

ANTIGONE, *murmure, le regard perdu.* Le bonheur...

CRÉON, *a un peu honte soudain.* Un pauvre mot, hein?

ANTIGONE, *doucement.* Quel sera-t-il mon bonheur?

Quelle femme heureuse deviendra-t-elle, la petite Antigone? Quelles pauvretés* faudra-t-il qu'elle fasse elle aussi, jour par jour, pour arracher avec ses dents son petit lambeau de bonheur? Dites, à qui devra-t-elle mentir, à qui sourire, à qui se vendre? Qui devra-t-elle laisser mourir en détournant le regard?

CRÉON, *hausse les épaules.* Tu es folle, tais-toi.

ANTIGONE. Non, je ne me tairai pas! Je veux savoir comment je m'y prendrai, moi aussi, pour être heureuse. Tout de suite, puisque c'est tout de suite qu'il faut choisir. Vous dites que c'est si beau la vie. Je veux savoir comment je m'y prendrai pour vivre.

CRÉON. Tu aimes Hémon?

ANTIGONE. Oui, j'aime Hémon. J'aime un Hémon dur et jeune; un Hémon exigeant et fidèle, comme moi. Mais si votre vie, votre bonheur doivent passer sur lui avec leur usure,* si Hémon ne doit plus pâlir quand je pâlis, s'il ne doit plus me croire morte quand je suis en retard de cinq minutes, s'il ne doit plus se sentir seul au monde et me détester quand je ris sans qu'il sache pourquoi, s'il doit devenir près de moi le monsieur Hémon, s'il doit apprendre à dire «oui», lui aussi, alors je n'aime plus Hémon!

CRÉON. Tu ne sais plus ce que tu dis. Tais-toi.

ANTIGONE. Si, je sais ce que je dis, mais c'est vous qui ne m'entendez plus. Je vous parle de trop loin maintenant, d'un royaume où vous ne pouvez plus entrer avec vos rides, votre sagesse, votre ventre.

Elle rit.

Ah! je ris, Créon, je ris parce que je te vois à quinze ans, tout d'un coup! C'est le même air d'impuissance et de croire qu'on peut tout. La vie t'a seulement ajouté tous ces petits plis sur le visage et cette graisse autour de toi.

CRÉON, *la secoue.* Te tairas-tu, enfin?

ANTIGONE. Pourquoi veux-tu me faire taire ? Parce que tu sais que j'ai raison ? Tu crois que je ne lis pas dans tes yeux que tu le sais ? Tu sais que j'ai raison, mais tu ne l'avoueras jamais parce que tu es en train de défendre ton bonheur en ce moment comme un os.

CRÉON. Le tien et le mien, oui, imbécile !

ANTIGONE. Vous me dégoûtez tous avec votre bonheur ! Avec votre vie qu'il faut aimer coûte que coûte. On dirait des chiens qui lèchent tout ce qu'ils trouvent. Et cette petite chance pour tous les jours,* si on n'est pas trop exigeant. Moi, je veux tout, tout de suite—et que ce soit entier—ou alors je refuse ! Je ne veux pas être modeste, moi, et me contenter d'un petit morceau si j'ai été bien sage. Je veux être sûre de tout aujourd'hui et que cela soit aussi beau que quand j'étais petite—ou mourir.

CRÉON. Allez, commence, commence, comme ton père !

ANTIGONE. Comme mon père, oui ! Nous sommes de ceux qui posent les questions jusqu'au bout. Jusqu'à ce qu'il ne reste vraiment plus la petite chance d'espoir vivante, la plus petite chance d'espoir à étrangler. Nous sommes de ceux qui lui sautent dessus quand nous le rencontrons, votre espoir, votre cher espoir, votre sale espoir !

CRÉON. Tais-toi ! Si tu te voyais criant ces mots, tu es laide.

ANTIGONE. Oui, je suis laide ! C'est ignoble, n'est-ce pas, ces cris, ces sursauts, cette lutte de chiffonniers.* Papa n'est devenu beau qu'après, quand il a été bien sûr, enfin, qu'il avait tué son père, que c'était bien avec sa mère qu'il avait couché, et que rien, plus rien, ne pouvait le sauver. Alors, il s'est calmé tout d'un coup, il a eu comme un sourire, et il est devenu beau. C'était fini. Il n'a plus eu qu'à fermer les yeux pour ne plus vous voir ! Ah ! vos têtes, vos pauvres têtes de candidats au bonheur ! C'est vous qui êtes laids, même les plus beaux. Vous avez tous quelque chose de laid au coin de l'œil ou de la bouche. Tu l'as bien dit tout à l'heure, Créon, la cuisine. Vous avez des têtes de cuisiniers!

CRÉON, *lui broie le bras.* Je t'ordonne de te taire maintenant, tu entends?

ANTIGONE. Tu m'ordonnes, cuisinier? Tu crois que tu peux m'ordonner quelque chose?

CRÉON. L'antichambre est pleine de monde. Tu veux donc te perdre? On va t'entendre.

ANTIGONE. Eh bien, ouvre les portes. Justement, ils vont m'entendre!

CRÉON, *qui essaie de lui fermer la bouche de force.* Vas-tu te taire, enfin, bon Dieu?

ANTIGONE, *se débat.* Allons vite, cuisinier! Appelle tes gardes!

La porte s'ouvre. Entre Ismène.

ISMÈNE, *dans un cri.* Antigone!

ANTIGONE. Qu'est-ce que tu veux, toi aussi?

ISMÈNE. Antigone, pardon! Antigone, tu vois, je viens, j'ai du courage. J'irai maintenant avec toi.

ANTIGONE. Où iras-tu avec moi?

ISMÈNE. Si vous la faites mourir, il faudra me faire mourir avec elle!

ANTIGONE. Ah! non. Pas maintenant. Pas toi! C'est moi, c'est moi seule. Tu ne te figures pas que tu vas venir mourir avec moi maintenant. Ce serait trop facile!

ISMÈNE. Je ne veux pas vivre si tu meurs, je ne veux pas rester sans toi!

ANTIGONE. Tu as choisi la vie et moi la mort.* Laisse-moi maintenant avec tes jérémiades. Il fallait y aller ce matin, à quatre pattes, dans la nuit. Il fallait aller gratter la terre avec tes ongles pendant qu'ils étaient tout près et te faire empoigner par eux comme une voleuse!

ISMÈNE. Eh bien, j'irai demain!

ANTIGONE. Tu l'entends, Créon? Elle aussi. Qui sait si cela ne va pas prendre à d'autres encore, en m'écoutant? Qu'est-ce que tu attends pour me faire taire, qu'est-ce que tu attends pour appeler tes gardes? Allons, Créon, un peu de courage, ce n'est qu'un mauvais moment à passer. Allons, cuisinier, puisqu'il le faut!

CRÉON, *crie soudain.* Gardes!

Les gardes apparaissent aussitôt.

CRÉON. Emmenez-la.

ANTIGONE, *dans un grand cri soulagé.* Enfin, Créon!

Les gardes se jettent sur elle et l'emmènent. Ismène sort en criant derrière elle:

ISMÈNE. Antigone! Antigone!

Créon est resté seul, le chœur entre et va à lui.

LE CHŒUR. Tu es fou, Créon. Qu'as-tu fait?

CRÉON, *qui regarde au loin devant lui.* Il fallait qu'elle meure.

LE CHŒUR. Ne laisse pas mourir Antigone, Créon! Nous allons tous porter cette plaie au côté, pendant des siècles.

CRÉON. C'est elle qui voulait mourir. Aucun de nous n'était assez fort pour la décider à vivre. Je le comprends maintenant, Antigone était faite pour être morte. Elle-même ne le savait peut-être pas, mais Polynice n'était qu'un prétexte. Quand elle a dû y renoncer, elle a trouvé autre chose tout de suite. Ce qui importait pour elle, c'était de refuser et de mourir.

LE CHŒUR. C'est une enfant, Créon.

CRÉON. Que veux-tu que je fasse pour elle? La condamner à vivre?

HÉMON, *entre en criant.* Père!

CRÉON, *court à lui, l'embrasse.* Oublie-la, Hémon; oublie-la, mon petit.

HÉMON. Tu es fou, père. Lâche-moi.

CRÉON, *le tient plus fort.* J'ai tout essayé pour la sauver, Hémon. J'ai tout essayé, je te le jure. Elle ne t'aime pas. Elle aurait pu vivre. Elle a préféré sa folie et la mort.

HÉMON, *crie, tentant de s'arracher à son étreinte.* Mais, père, tu vois bien qu'ils l'emmènent! Père, ne laisse pas ces hommes l'emmener!

CRÉON. Elle a parlé maintenant. Tout Thèbes sait ce qu'elle a fait. Je suis obligé de la faire mourir.

HÉMON, *s'arrache de ses bras.* Lâche-moi!

Un silence. Ils sont l'un en face de l'autre. Ils se regardent.

LE CHŒUR, *s'approche.* Est-ce qu'on ne peut pas imaginer quelque chose, dire qu'elle est folle, l'enfermer?

CRÉON. Ils diront que ce n'est pas vrai. Que je la sauve parce qu'elle allait être la femme de mon fils. Je ne peux pas.

LE CHŒUR. Est-ce qu'on ne peut pas gagner du temps, la faire fuir demain?

CRÉON. La foule sait déjà, elle hurle autour du palais. Je ne peux pas.

HÉMON. Père, la foule n'est rien! Tu es le maître.

CRÉON. Je suis le maître avant la loi. Plus après.*

HÉMON. Père, je suis ton fils, tu ne peux pas me la laisser prendre!

CRÉON. Si, Hémon. Si, mon petit. Du courage.

Antigone ne peut plus vivre. Antigone nous a déjà quittés tous.

HÉMON. Crois-tu que je pourrai vivre, moi, sans elle? Crois-tu que je l'accepterai, votre vie? Et tous les jours, depuis le matin jusqu'au soir, sans elle! Et votre agitation, votre bavardage, votre vide, sans elle.

CRÉON. Il faudra bien que tu acceptes, Hémon. Chacun de nous a un jour, plus ou moins triste, plus ou moins lointain, où il doit enfin accepter d'être un homme. Pour toi, c'est aujourd'hui... Et te voilà devant moi avec ces larmes au bord de tes yeux et ton cœur qui te fait mal— mon petit garçon, pour la dernière fois... Quand tu te seras détourné, quand tu auras franchi ce seuil tout à l'heure, ce sera fini.

HÉMON, *recule un peu et dit doucement.* C'est déjà fini.

CRÉON. Ne me juge pas, Hémon. Ne me juge pas, toi aussi.

HÉMON, *le regarde et dit soudain.* Cette grande force et ce courage, ce dieu géant qui m'enlevait dans ses bras et me sauvait des monstres et des ombres, c'était toi? Cette odeur défendue et ce bon pain du soir, sous la lampe, quand tu me montrais des livres dans ton bureau, c'était toi, tu crois?

CRÉON, *humblement.* Oui, Hémon.

HÉMON. Tous ces soins, tout cet orgueil, tous ces livres pleins de héros, c'était donc pour en arriver là? Être un homme, comme tu dis, et trop heureux de vivre.

CRÉON. Oui, Hémon.

HÉMON, *crie soudain comme un enfant se jetant dans ses bras.* Père, ce n'est pas vrai! Ce n'est pas toi, ce n'est pas aujourd'hui! Nous ne sommes pas tous les deux au pied de ce mur où il faut seulement dire oui.* Tu es encore puissant, toi, comme lorsque j'étais petit. Ah! je t'en supplie, père, que je t'admire, que je t'admire encore! Je suis trop seul et le monde est trop nu si je ne peux plus t'admirer.

CRÉON, *le détache de lui.* On est tout seul, Hémon. Le monde est nu. Et tu m'as admiré trop longtemps. Regarde-moi, c'est cela devenir un homme, voir le visage de son père en face, un jour.

HÉMON, *le regarde, puis recule en criant.* Antigone! Antigone! Au secours!

Il est sorti en courant.

LE CHŒUR, *va à Créon.* Créon, il est sorti comme un fou.

CRÉON, *qui regarde au loin, droit devant lui, immobile.* Oui. Pauvre petit, il l'aime.

LE CHŒUR. Créon, il faut faire quelque chose.

CRÉON. Je ne peux plus rien.

LE CHŒUR. Il est parti, touché à mort.*

CRÉON, *sourdement.* Oui, nous sommes tous touchés à mort.

Antigone entre dans la pièce, poussée par les gardes qui s'arcboutent contre la porte, derrière laquelle on devine la foule hurlante.

LE GARDE. Chef, ils envahissent le palais!

ANTIGONE. Créon, je ne veux plus voir leurs visages, je ne veux plus entendre leurs cris, je ne veux plus voir personne! Tu as ma mort maintenant, c'est assez. Fais que je ne voie plus personne jusqu'à ce que ce soit fini.

CRÉON, *sort en criant aux gardes.* La garde aux portes! Qu'on vide le palais! Reste ici avec elle, toi.

Les deux autres gardes sortent, suivis par le chœur. Antigone reste seule avec le premier garde. Antigone le regarde.

ANTIGONE, *elle dit soudain.* Alors, c'est toi?

LE GARDE. Qui, moi?

ANTIGONE. Mon dernier visage d'homme.

LE GARDE. Faut croire.

ANTIGONE. Que je te regarde...

LE GARDE, *s'éloigne, gêné.* Ça va!*

ANTIGONE. C'est toi qui m'as arrêtée, tout à l'heure?

LE GARDE. Oui, c'est moi.

ANTIGONE. Tu m'as fait mal. Tu n'avais pas besoin de me faire mal. Est-ce que j'avais l'air de vouloir me sauver?

LE GARDE. Allez, allez, pas d'histoires! Si ça n'était pas vous, c'était moi qui y passais.*

ANTIGONE. Quel âge as-tu?

LE GARDE. Trente-neuf ans.

ANTIGONE. Tu as des enfants?

LE GARDE. Oui, deux.

ANTIGONE. Tu les aimes?

LE GARDE. Cela ne vous regarde pas.

Il commence à faire les cent pas dans la pièce: pendant un moment, on n'entend plus que le bruit de ses pas.

ANTIGONE, *demande tout humble.* Il y a longtemps que vous êtes garde?

LE GARDE. Après la guerre. J'étais sergent. J'ai rengagé.

ANTIGONE. Il faut être sergent pour être garde?

LE GARDE. En principe, oui. Sergent ou avoir suivi le peloton spécial.* Devenu garde, le sergent perd son grade. Un exemple*: je rencontre une recrue de l'armée, elle peut ne pas me saluer.*

ANTIGONE. Ah oui?

LE GARDE. Oui. Remarquez que, généralement, elle le fait. La recrue sait que le garde est un gradé. Question solde*: on a la solde ordinaire du garde, comme ceux du peloton spécial, et, pendant six mois, à titre de gratification, un rappel de supplément de la solde de sergent.* Seulement, comme garde, on a d'autres avantages. Logement, chauffage, allocations. Finalement, le garde marié avec deux enfants arrive à se faire plus que le sergent de l'active.*

ANTIGONE. Ah oui?

LE GARDE. Oui. C'est ce qui vous explique la rivalité entre le garde et le sergent. Vous avez peut-être pu remarquer que le sergent affecte de mépriser le garde. Leur grand argument, c'est l'avancement. D'un sens, c'est juste.* L'avancement du garde est plus lent et plus difficile que dans l'armée. Mais vous ne devez pas oublier qu'un brigadier des gardes, c'est autre chose qu'un sergent chef.*

ANTIGONE, *lui dit soudain.* Écoute...

LE GARDE. Oui.

ANTIGONE. Je vais mourir tout à l'heure.

Le garde ne répond pas. Un silence. Il fait les cent pas. Au bout d'un moment, il reprend.

LE GARDE. D'un autre côté, on a plus de considérations pour le garde que pour le sergent de l'active. Le garde, c'est un soldat, mais c'est presque un fonctionnaire.

ANTIGONE. Tu crois qu'on a mal pour mourir?

LE GARDE. Je ne peux pas vous dire. Pendant la guerre, ceux qui étaient touchés au ventre, ils avaient mal. Moi, je n'ai jamais été blessé. Et, d'un sens, ça m'a nui pour l'avancement.

ANTIGONE. Comment vont-ils me faire mourir?

LE GARDE. Je ne sais pas. Je crois que j'ai entendu dire que pour ne pas souiller la ville de votre sang, ils allaient vous murer dans un trou.

ANTIGONE. Vivante?

LE GARDE. Oui, d'abord.

Un silence. Le garde se fait une chique.

ANTIGONE. O tombeau! O lit nuptial! O ma demeure souterraine!...*

Elle est toute petite au milieu de la grande pièce nue. On dirait qu'elle a un peu froid. Elle s'entoure de ses bras. Elle murmure.

Toute seule...

LE GARDE, *qui a fini sa chique.* Aux cavernes de Hadès,* aux portes de la ville. En plein soleil. Une drôle de corvée encore pour ceux qui seront de faction. Il avait d'abord été question d'y mettre l'armée. Mais, aux dernières nouvelles, il paraît que c'est encore la garde qui fournira les piquets. Elle a bon dos, la garde! Étonnez-vous après qu'il existe une jalousie entre le garde et le sergent d'active...

ANTIGONE, *murmure, soudain lasse.* Deux bêtes...

LE GARDE. Quoi, deux bêtes?

ANTIGONE. Des bêtes se serreraient l'une contre l'autre pour se faire chaud. Je suis toute seule.

LE GARDE. Si vous avez besoin de quelque chose, c'est différent. Je peux appeler.

ANTIGONE. Non. Je voudrais seulement que tu remettes une lettre à quelqu'un quand je serai morte.

LE GARDE. Comment ça, une lettre?

ANTIGONE. Une lettre que j'écrirai.

LE GARDE. Ah! ça non! Pas d'histoires! Une lettre! Comme vous y allez, vous! Je risquerais gros, moi, à ce petit jeu-là!

ANTIGONE. Je te donnerai cet anneau si tu acceptes.

LE GARDE. C'est de l'or?

ANTIGONE. Oui. C'est de l'or.

LE GARDE. Vous comprenez, si on me fouille, moi, c'est le conseil de guerre. Ça vous est égal à vous?

Il regarde encore la bague.

Ce que je peux, si vous voulez, c'est écrire sur mon carnet ce que vous auriez voulu dire. Après, j'arracherai la page. De mon écriture,* ce n'est pas pareil.

ANTIGONE, *a les yeux fermés: elle murmure avec un pauvre rictus.* Ton écriture...

Elle a un petit frisson.

C'est trop laid, tout cela, tout est trop laid.

LE GARDE, *vexé, fait mine de rendre la bague.* Vous savez, si vous ne voulez pas, moi...

ANTIGONE, *vite.* Si. Garde la bague et écris. Mais fais vite... J'ai peur que nous n'ayons plus le temps... Écris: «Mon chéri...»

LE GARDE, *qui a pris son carnet et suce sa mine.* C'est pour votre bon ami?

ANTIGONE. Mon chéri, j'ai voulu mourir et tu ne vas peut-être plus m'aimer...

LE GARDE, *répète lentement de sa grosse voix en écrivant.* «Mon chéri, j'ai voulu mourir et tu ne vas peut-être plus m'aimer...»

ANTIGONE. Et Créon avait raison, c'est terrible, maintenant, à côté de cet homme, je ne sais plus pourquoi je meurs. J'ai peur...

LE GARDE, *qui peine sur sa dictée.* «Créon avait raison c'est terrible...»

ANTIGONE. Oh! Hémon, notre petit garçon. Je le comprends seulement maintenant combien c'était simple de vivre...

LE GARDE, *s'arrête.* Eh! dites, vous allez trop vite. Comment voulez-vous que j'écrive? Il faut le temps tout de même...

ANTIGONE. Où en étais-tu?

LE GARDE, *se relit.* «C'est terrible maintenant à côté de cet homme...»

ANTIGONE. Je ne sais plus pourquoi je meurs.

LE GARDE, *écrit, suçant sa mine.* «Je ne sais plus pourquoi je meurs...» On ne sait jamais pourquoi on meurt.

ANTIGONE, *continue.* J'ai peur...

Elle s'arrête. Elle se dresse soudain.

Non. Raye tout cela. Il vaut mieux que jamais personne ne sache. C'est comme s'ils devaient me voir nue et me toucher quand je serai morte. Mets seulement: «Pardon.»

LE GARDE. Alors, je raye la fin et je mets pardon à la place?

ANTIGONE. Oui. Pardon, mon chéri. Sans la petite Antigone, vous auriez tous été bien tranquilles. Je t'aime...

LE GARDE. «Sans la petite Antigone, vous auriez tous été bien tranquilles. Je t'aime...» c'est tout?

ANTIGONE. Oui, c'est tout.

LE GARDE. C'est une drôle de lettre.

ANTIGONE. Oui, c'est une drôle de lettre.

LE GARDE. Et c'est à qui qu'elle est adressée?*

A ce moment, la porte s'ouvre. Les autres gardes paraissent. Antigone se lève, les regarde, regarde le premier garde qui s'est dressé derrière elle, il empoche la bague et range le carnet, l'air important... Il voit le regard d'Antigone. Il gueule pour se donner une contenance.

LE GARDE. Allez! pas d'histoires!

Antigone a un pauvre sourire. Elle baisse la tête. Elle s'en va sans un mot vers les autres gardes. Ils sortent tous.

LE CHŒUR, *entre soudain.* Là! C'est fini pour Antigone. Maintenant, le tour de Créon approche. Il va falloir qu'ils y passent tous.

LE MESSAGER, *fait irruption, criant.* La reine? où est la reine?

LE CHŒUR. Que lui veux-tu? Qu'as-tu à lui apprendre?

LE MESSAGER. Une terrible nouvelle. On venait de jeter Antigone dans son trou. On n'avait pas encore fini de rouler les derniers blocs de pierre lorsque Créon et tous ceux qui l'entourent entendent des plaintes qui sortent soudain du tombeau. Chacun se tait et écoute, car ce n'est pas la voix d'Antigone. C'est une plainte nouvelle qui sort des profondeurs du trou... Tous regardent Créon, et lui qui a deviné le premier, lui qui sait déjà avant tous les autres, hurle soudain comme un fou: «Enlevez les pierres! Enlevez les pierres!» Les esclaves se jettent sur les blocs entassés et, parmi eux, le roi suant, dont les mains saignent. Les pierres bougent enfin et le plus mince se glisse dans l'ouverture. Antigone est au fond de la tombe pendue aux fils de sa ceinture, des fils bleus, des fils verts, des fils rouges qui lui font comme un collier d'enfant, et Hémon à genoux qui la tient dans ses bras et gémit, le visage enfoui dans sa robe. On bouge un bloc encore et Créon peut enfin descendre. On voit ses cheveux blancs dans l'ombre, au fond du trou. Il essaie de relever Hémon, il le supplie. Hémon ne l'entend pas. Puis soudain il se dresse, les yeux noirs, et il n'a jamais tant ressemblé au petit garçon d'autrefois, il regarde son père sans rien dire, une minute, et, tout à coup, il lui crache au visage, et tire son épée. Créon a bondi hors de portée. Alors Hémon le regarde avec ses yeux d'enfant, lourds de mépris, et Créon ne peut pas éviter ce regard comme la lame. Hémon regarde ce vieil homme tremblant à l'autre bout de la caverne et, sans rien dire, il se plonge l'épée dans le ventre et il s'étend contre Antigone, l'embrassant dans une immense flaque rouge.

CRÉON, *entre avec son page*. Je les ait fait coucher l'un près de l'autre, enfin! Ils sont lavés, maintenant, reposés. Ils sont seulement un peu pâles, mais si calmes. Deux amants. Ils ont fini, eux.

LE CHŒUR. Pas toi, Créon. Il te reste encore quelque chose à apprendre. Eurydice, la reine, ta femme...

CRÉON. Une bonne femme parlant toujours de son jardin, de ses confitures, de ses tricots, de ses éternels tricots pour les pauvres. C'est drôle comme les pauvres ont éternellement besoin de tricots. On dirait qu'ils n'ont besoin que de tricots...

LE CHŒUR. Les pauvres de Thèbes auront froid cet hiver, Créon. En apprenant la mort de son fils, la reine a posé ses aiguilles, sagement, après avoir terminé son rang, posément, comme tout ce qu'elle fait, un peu plus tranquillement peut-être que d'habitude. Et puis elle est passée dans sa chambre, sa chambre à l'odeur de lavande, aux petits napperons brodés et aux cadres de peluche, pour s'y couper la gorge, Créon. Elle est étendue maintenant sur un des petits lits jumeaux démodés, à la même place où tu l'as vue jeune fille un soir, et avec le même sourire, à peine un peu plus triste. Et s'il n'y avait pas cette large tache rouge sur les linges autour de son cou, on pourrait croire qu'elle dort.

CRÉON. Elle aussi. Ils dorment tous. C'est bien. La journée a été rude.

Un temps. Il dit sourdement.

Cela doit être bon de dormir.

LE CHŒUR. Et tu es tout seul maintenant, Créon.

CRÉON. Tout seul, oui.

Un silence. Il pose sa main sur l'épaule de son page.

Petit...

LE PAGE. Monsieur?

CRÉON. Je vais te dire à toi. Ils ne savent pas, les autres; on est là, devant l'ouvrage, on ne peut pourtant pas se croiser les bras. Ils disent que c'est une sale besogne, mais si on ne la fait pas, qui la fera?

LE PAGE. Je ne sais pas, monsieur.

CRÉON. Bien sûr, tu ne sais pas. Tu en as de la chance! Ce qu'il faudrait, c'est ne jamais savoir. Il te tarde d'être grand, toi?

LE PAGE. Oh oui, monsieur!

CRÉON. Tu es fou, petit. Il faudrait ne jamais devenir grand.

L'heure sonne au loin, il murmure.

Cinq heures! Qu'est-ce que nous avons aujourd'hui à cinq heures?

LE PAGE. Conseil, Monsieur.

CRÉON. Eh bien, si nous avons conseil, petit, nous allons y aller.

Ils sortent, Créon s'appuyant sur le page.

LE CHŒUR, *s'avance.* Et voilà. Sans la petite Antigone, c'est vrai, ils auraient tous été bien tranquilles. Mais maintenant, c'est fini. Ils sont tout de même tranquilles. Tous ceux qui avaient à mourir sont morts. Ceux qui croyaient une chose, et puis ceux qui croyaient le contraire — même ceux qui ne croyaient rien et qui se sont trouvés pris dans l'histoire sans y rien comprendre. Morts pareils, tous, bien raides, bien inutiles, bien pourris. Et ceux qui vivent encore vont commencer tout doucement à les oublier et à confondre leurs noms. C'est fini. Antigone est calmée maintenant, nous ne saurons jamais de quelle fièvre. Son devoir lui est remis.* Un grand apaisement triste tombe sur Thèbes et sur le palais vide où Créon va commencer à attendre la mort.

Pendant qu'il parlait, les gardes sont entrés. Ils se sont installés sur un banc, leur litre de rouge à côté d'eux, leur chapeau sur la nuque, et ils ont commencé une partie de cartes.

LE CHŒUR. Il ne reste plus que les gardes. Eux, tout ça, cela leur est égal; c'est pas leurs oignons.* Ils continuent à jouer aux cartes...

Le rideau tombe rapidement pendant que les gardes abattent leurs atouts.

NOTES

(*The figures refer to pages. Words and phrases given in exact translation in "Harrap's Shorter French and English Dictionary" are not listed here.*)

40. **il ne devait jamais exister de mari d'Antigone:** the first *de* is a partitive; *cf. il n'existe pas d'œuvre d'art sans quelque défaut.*
    ses objets: *i.e., ses objets d'art.*
41. **pas de mauvais bougres:** 'not bad fellows'; *cf. diable.*
    ils vous empoigneront: the *vous* is an ethical dative, without exact equivalent in English; *cf. Goûtez-moi ce vin-là*, 'Just taste that wine.'
    ils sentent l'ail... et le vin rouge: garlic is used liberally in working-class cooking among Mediterranean peoples (*cf.* Verlaine, *Art poétique*: "et tout cet ail de basse cuisine"), and the French workman or peasant is traditionally fond of his *coup de rouge.*
    dûment mandaté: 'duly appointed, elected' (as representative, leader, with powers to act).
    qui devaient régner sur Thèbes un an chacun: this is the usual version of the Greek legend, but there is no reference to such an agreement in Sophocles (*Œdipus at Colonus*); there Polynices is expelled by his elder brother and flees to Argos, whence he returns with six other chieftains to undertake the war described by Æschylus in *The Seven against Thebes*. The agreement remains vague in the latter play, too, and there seems to be some doubt as to how this part of the story originated. According to Professor Gilbert Murray, an old historian named Hellicanus seems to have known of a pact according to which Eteocles was to take the kingship and his brother the royal treasure (Æschylus, *The Seven against Thebes*, translated by Gilbert Murray, Allen and Unwin, 1935, Preface, pp. 9–10 and 82–83).
    Sept grands princes étrangers: this would appear to be a

mistake, since Polynices is named both by Sophocles (*Œdipus at Colonos*) and Æschylus (*The Seven against Thebes*) as being one of the "Seven." I am grateful, however, to my colleague Mr D. M. Low for some additional information on this point. When, in the former play, Polynices speaks of his allies "who now with seven hosts behind their seven spears have set their leaguer round the plain of Thebes" the Greek verb is used in the third person, not the first, as might have been expected had Polynices included himself among the Seven; it is for this reason that the translator has used the word 'their.' Mr Low adds that the verb would not scan in the line as it stands, if used in the first person; the apparent confusion might thus have resulted from a metrical complication. It seems at any rate possible that this may explain the apparent error in the French version.

la proie des corbeaux et des chacals: here Anouilh follows the Greek original fairly closely; *cf.* Sophocles:

> Hath not Creon wrought
> Honour for one, on the other foul despite?
> 'Tis told that, with all customary rite,
> He layeth Eteocles in earth, full fed
> With honours, like a prince among the dead;
> But Polynices' corpse, cast out in shame,
> No man in Thebes—so hath he made proclaim—
> Shall give him tomb nor tear; there he shall lie
> Unwept, unburied, lovely to the eye
> Of staring vultures, hungry for their prey.
>
> (*The Antigone, translated into English rhyming verse, with Introduction and Notes by Gilbert Murray*, Allen and Unwin, 1941. All subsequent quotations from Sophocles refer to this edition.)

42. **tu ne peux pas savoir:** 'you can't imagine,' 'you wouldn't believe it.'

43. **dure tête comme toi:** from *avoir la tête dure*, to be (1) thick-headed, dull-witted, or (2) pig-headed.

Dis non, peut-être: 'You'll deny it, I suppose?' (colloquial).

C'est du propre!: *cf. Nous voilà propres!* 'We're in a fine mess!'

à chercher à ce qu'on te remarque: the construction *cher-*

cher à ce que with the subjunctive, although not mentioned by Littré or Hatzfeld and Darmsteter (*Dictionnaire général*), has passed into modern literary usage. (See M. Grevisse, *Le bon Usage*, Éditions J. Duculot, Gembloux, Belgium, and Librairie P. Geuthner, Paris, 1946, p. 731).

44. **bouclettes:** ringlets, small curls.

Un garçon que tu ne peux pas dire à ta famille: a vulgarism, the *que* replacing *dont*; *cf. la somme que vous avez besoin*, 'the sum which you need.'

45. **ma vieille bonne pomme rouge:** cf. in the next two lines, 'ma vieille pomme toute ridée'. I am grateful to Mr Charles Bagnall, at the time a schoolboy aged 14, for pointing out my misinterpretation of 'ma vieille bonne' in earlier versions of this edition.

46. **vous allez... encore me prendre mal:** another ethical dative, as in *ils vous empoigneront*. The colloquial expression, *prendre mal*, is based partly on *se porter mal*, *se sentir mal*, and partly on *prendre une maladie*.

La tête lui tourne d'être sans rien: 'She's giddy for want of food.'

47. **Je ne veux pas mourir,** *etc*: Ismène's attitude here is quite different from that of her namesake in the original *Antigone*. The Ismene of Sophocles hangs back through fear of the consequences; she confesses to a sense of guilt at not helping her sister and entreats the dead to forgive her. Anouilh's Ismène is really on Créon's side, at least in the early part of the play. There is a similar shift in the attitude of the populace to Antigone's disobedience; in the Greek *Antigone* the people are sympathetic to the heroine and hostile to the tyrant. Here they side with Créon: to quote Ismène, "Il est le roi. Et ils pensent tous comme lui dans la ville." The object of these curious changes is no doubt to equalize the moral forces opposed to each other in the central scene and to express the author's sense of a tragic dilemma. The philosophical implications of the play are thus transformed (see Introduction, p. 21).

50. **Toi tu es une fille:** *cf.* Sophocles, *Antigone*:

> Oh, think again.
> We are women; who are we to fight with men?

51. **te voilà un bon café:** 'there's a good cup of coffee for you.'

52. **Taoutaou:** 'the bogeyman.'
Tu me fais tourner en bourrique: 'you're driving me crazy' (*bourrique*, (1) she-ass, donkey, or (2) dunce, duffer, *etc.*).
54. **C'est plein de disputes un bonheur:** might be freely translated as 'the happiest couples often quarrel.' An unusual and charming use of the indefinite article with an abstract noun.
55. **noire:** (here) 'dark-skinned,' 'swarthy.'
58. **Ne tente pas ce qui est au-dessus de tes forces:** an echo of the Greek original, in which the cautious Ismene urges her sister not to attempt the impossible. In each case prudence is opposed to heroism, but in the French version the heroism is of a very special kind.
58–59. The guard's reluctance to break the bad news to the king and the question of the lots drawn in order to find a spokesman are both taken from Sophocles.
59. **le garde de première classe:** *cf. soldat de première classe* and the American 'private first class' or 'p.f.c.'
le première classe: *i.e., le (garde de) première classe.*
Moi je suis "service": 'I'm what you might call service-minded' (*i.e.*, 'I'm always on parade; I obey orders first and ask questions afterwards').
Régulièrement: 'according to the rules.'
proposé première classe: 'recommended for promotion to First Class Guard.'
la relève de deux heures: 'the two o'clock relief.'
60. **Selon les rites:** *cf.* Sophocles, *Antigone:*

> I tell you then. That corpse . . . some man has just
> Buried it and escaped. He strewed dry dust
> To cover it and performed due offering.

L'opposition brisée qui sourd et mine déjà partout: 'The broken opposition, already welling up (again) and sapping the foundations (of the State)'; (*sourdre*, 'to spring up,' 'to well up.'). One English version gives: "I broke the back of the rebellion, but like a snake it is coming together again." The image has been completely changed and the result is a vivid paraphrase rather than a translation.
puant l'ail: *cf.* note to p. 41, "Ils sentent l'ail... et le vin rouge."

61. **tueur appointé:** 'hired assassin' (*cf. appointements*, salary, emoluments).
un vrai enfant: it is just possible that this may be an echo of Vigny's *Servitude et grandeur militaires* (third episode, *La Canne de Jonc*), in which the hero, Captain Renaud, is killed by a pistol shot fired by a child; in the latter case, however, the child is innocent of any murderous intent, having been exploited by some revolutionaries.

62. **minutieux:** 'accurate,' 'precise.' Tragedy is compared to the operation of a machine; once the spring has been wound up, *cela roule tout seul*, 'it works automatically'; *c'est minutieux, bien huilé depuis toujours*, 'it's a precision instrument, well oiled since the beginning of time.'
le drame: see Introduction, pp. 17–18.
ces terre-neuve: 'those Newfoundland dogs' (masculine and invariable, in this sense). Perhaps 'bloodhounds' would be more appropriate in an English thriller.

63. **D'abord, on est entre soi:** 'In the first place, we're among ourselves.'
On est tous innocents en somme: Anouilh now presents humanity as the great victim of the human situation; in departing from the Greek conception of Man sinning through overweening pride and undergoing punishment at the hands of Nemesis, he continues a typically Romantic trend. Vigny, especially, sees Man as the eternal victim of creation.
C'est une question de distribution: 'It depends on the part that we are called upon to play' (*la distribution des rôles d'une pièce*: (1) the casting, or (2) the cast of a play). The idea of men as marionettes condemned to go through the motions of their rôle is implicit in Anouilh's theatre.
le sale espoir: the diary of Alfred de Vigny strikes a similar note, with such entries as: "Il est bon et salutaire de n'avoir aucune espérance. L'espérance est la plus grande de nos folies... Il faut surtout anéantir l'espérance dans le cœur de l'homme. Un désespoir paisible, sans convulsions de colère et sans reproches au ciel, est la sagesse même." (*Journal d'un poète*, edited F. Baldensperger, London, Scholartis Press, 1928, pp. 63, 64.)
pas à gémir, non, pas à se plaindre: this recalls the Stoic

precept of Vigny in *La Mort du Loup* ("Gémir, pleurer, prier, est également lâche"); the poet of the Ivory Tower is in some respects a predecessor not only of M. Anouilh but of existentialist writers like Jean-Paul Sartre and Albert Camus, whose plays and novels express a neo-Stoic attitude before the non-existence of God, or, at least, amid *le silence éternel de la Divinité*.

à gueuler à pleine voix ce qu'on avait à dire, qu'on n'avait jamais dit et qu'on ne savait peut-être pas encore: the idea of the moment of truth in which a character at last becomes himself occurs in various forms in Anouilh's work, and again suggests the influence of Pirandello as well as certain affinities with the French existentialists. The moment of truth brings the bitter ecstasy of full self-knowledge and self-fulfilment; the self as seen by others merges at last into the real self, the innermost essence, and the character stands revealed in all the strength and purity of truth.

Là, c'est gratuit. C'est pour les rois: this prolongs the idea of the foregoing "Et pour rien: pour se le dire à soi, pour l'apprendre, soi." The character, in the moment of truth, performs in speech and gesture something akin to the *acte gratuit* described by André Gide, who sees in it a gesture of strength and self-liberation, in that the act is not conditioned by any external pressure or inner awareness of self-interest; it is a pure act of will. Like Vigny's Stoicism, this teaching is "aristocratic" in that it is designed for an *élite* "liberated" from conventional values; hence M. Anouilh's "C'est pour les rois."

64. **Elles sont pleines de terre:** not 'full of' but 'covered with' soil, earth.

son rouge: 'her red wine.'

On a quartier libre dimanche: 'We're off duty on Sunday.'

65. **il a eu le mois double:** 'he got a month's extra pay.' (Salaries and wages are usually reckoned by the month in France.)

on se les cale comme il faut: 'we'll have a good blowout.'

Si ça se trouve: 'if it turns out that way.'

66. **pour être dans le vent:** 'so as to be on the windward side' (*cf. gagner dans le vent*, 'to fetch to windward').

et puis avec l'odeur qui montait: *cf.* Sophocles, *Antigone*:

It came like this. Soon as we reached the ground,
Dazed with thine awful threats, at once we swept
The body clear of all the dust that kept
It covered. We made naked to the sky
That oozing flesh, and squatted on some high
Ridges to windward, safe from the foul smell.
Each nagged his neighbours to keep vigil well,
And woe to him who left his task undone.
And so it lasted while the noonday sun
Stood overhead and the heat grew and grew. . . .

There is no mention, however, in the French version, of the sudden whirlwind which in the Greek play precedes Antigone's attempt to bury the corpse. Such an unmistakable hint of supernatural forces at work would be foreign to the spirit of Anouilh's theatre; his fatalism never expresses itself through the symbolism either of religion or of superstition.

ça tremblait comme de la gélatine: 'everything was shimmering like a jelly' (literally 'gelatine').

je voyais plus: the omission of *ne* is a vulgarism.

67. **pour passer ça:** 'to get myself right,' 'set myself up again.' (Colloquial, from *faire passer.*)

je lui courais dessus: 'I was running up to her (after her)' (colloquial).

on a passé la relève: 'we handed over to the new guard.'

Même qu'au premier coup d'œil... le camarade dit: 'As a matter of fact, when he first spotted her . . . my mate said . . .' (*même que... le camarade:* colloquial).

c'est trop fin pour une bête: 'it's too small (too dainty) for an animal.'

68. **je lui aurais fait à manger:** 'I'd have made him something to eat.'

69. **L'humain vous gêne aux entournures dans la famille:** 'Everything human's too small for you, in that family of yours' (*entournure*, 'armhole'; *cf. être gêné aux entournures*, 'to be awkward, ill at ease, in society').

70. **me mettre à confronter les dates:** 'start comparing dates.'

du pathétique personnel: 'private feelings.'

pour faire un gros garçon à Hémon: 'so as to give Hémon a sturdy son.'

72. **bâclant ce mort:** 'hurrying the dead into the grave' (*bâcler*, 'to scamp,' 'to botch').
Pour les dresser contre moi: 'to set them against me' (*cf. dresser une batterie*, 'to site a battery of guns').

73. **tenailles:** 'pincers' (here, an instrument of torture; *cf. tenailler*, 'to tear with red-hot pincers').
ce vieux homme: both *vieil* and *vieu* (without the -x) could be used more or less indiscriminately in Old French; the -x was borrowed from the plural form, and the custom of using *vieil* only before nouns beginning with a mute 'h' or a vowel was gradually established. However, cases of the old usage occasionally crop up even to-day, and, as Grevisse puts it in *Le Bon Usage*, "*vieux* se dit parfois pour vieil" (p. 274).

74. **lourd, puissant, en bras de chemise:** there is a curious discrepancy between the author's earlier presentation of Créon (before his accession), as a refined connoisseur of books and *objets d'art*, and this picture of the modern demagogue perorating in his shirt-sleeves. It is perhaps significant that Créon speaks throughout with a certain laconic and almost vulgar brutality, while his guards address him as *chef* and with the mixture of familiarity and fear characteristic of stage gangsters in the presence of their boss. The scene reminds us of the description of Créon by the Chorus, of Créon, the tired, over-worked monarch, rising each morning "comme un ouvrier au seuil de sa journée," but many in the original Parisian audience must have thought of the Fascist (and ex-Communist) leader Jacques Doriot, who usually made his public speeches in his shirt-sleeves; the physical description of Créon as *lourd, puissant* tends to strengthen this impression of satirical intent.
il y a du pain sur la planche: 'you've plenty of work on your hands.' The interpretations given by Larousse (*avoir des ressources pour l'avenir, des ressources d'avance*) and by Littré (*avoir de quoi vivre en repos, sans travailler*) have now been completely lost in a curious transition, suggestive of social changes, from the idea of not needing work to that of not lacking it.

76. **Il faut pourtant qu'il y en ait qui mènent la barque:** the sustained metaphor of the "ship of state" occurs in Sophocles:

CREON: Elders of Thebes, the vessel of our state,
Though shaken in wild storms, by God's good fate
Stands upright once again, and you from all
The folk of Thebes are here by separate call
Summoned to council.
. . . never shall my country's foe
Be friend to me; for this I surely know,
Our City is our lifeboat; only while
She safely floats can private friendship smile.
(*Antigone*)

The expression *mener la barque* and the notion of the State as a ship are very usual in French, however.

77. **on tire dans le tas:** 'you fire into the crowd.'

79. **tout juste bonne à aller plus vite que les autres:** *cf. il n'est bon qu'à cela*, 'that's all he's good for.'
les bars: the anglo-americanism *bar* often suggests luxury and sophistication in French, although the word is now being widely used for quite ordinary cafés.

80. **à toute volée:** 'with all his force'; *cf. tirer à toute volée*, 'to fire' (1) 'at maximum elevation,' or (2) 'at random.'
l'armée argyenne: 'the Argive army' (see Introduction).
la cuisine: *cf. c'est une sale cuisine*, 'it's a dirty business,' and Musset's "Je connais la vie, et c'est une vilaine cuisine" (*Lorenzaccio*, Act III, Sc. 3).
avec la tête de circonstance: 'making a great show of solemnity, pulling long faces for the occasion'; *cf. paroles de circonstance*, 'words suited to the occasion.'

81. **deux larrons en foire:** 'two fairground thieves, crooks'; *cf. s'entendre comme larrons en foire*, 'to be as thick as thieves.'

83. **pauvretés:** 'humiliating concessions.'
leur usure: 'their (spiritual) wear and tear.'

84. **cette petite chance, pour tous les jours:** 'a little daily allowance of good luck.'
cette lutte de chiffonniers: 'this vulgar brawl' (from *se battre comme des chiffonniers*, 'to fight like ragamuffins'; *chiffonnier*, 'rag-picker,' 'rag-and-bone man').

85. **Tu as choisi la vie et moi la mort:** *cf.* Sophocles, *Antigone*:

It was thy choice to live, and mine to die.

87. **avant la loi. Plus après:** Créon means that once he has made the law he is bound by it. There is a pun here on *avant* and *devant* (*cf. égaux devant la loi*, 'equal before the law').
88. **au pied de ce mur où il faut seulement dire oui:** *cf. mettre quelqu'un au pied du mur*, 'to drive someone into a corner,' 'to demand a "yes" or a "no".'
89. **touché à mort:** 'mortally hit,' 'wounded unto death.'
90. **Ça va!:** 'Come off it!' (literally 'all right').
c'était moi qui y passais: 'I'd have caught it myself' (*cf. tout le monde y passe*, 'it's the lot of everyone').
avoir suivi le peloton spécial: '[to] have been in the special (*i.e.*, instructional) squad.'
Un exemple: short staccato phrases like this are typical of French Army jargon.
elle peut ne pas me saluer: 'he (*la recrue*) may possibly not salute me,' or, alternatively, 'he's entitled not to salute me.' Non-commissioned officers are normally saluted in the French Army.
91. **Question solde:** abbreviated from *quant à la question (de la) solde*; *cf. Un exemple* (above).
et, pendant six mois, à titre de gratification, un rappel de supplément de la solde de sergent: 'and for six months your pay's made up to sergeant's rates, as a gratuity.'
se faire plus que le sergent de l'active: '(to) make more (for himself) than a sergeant in the Regular Army.'
D'un sens, c'est juste: 'It's fair enough in a way' (*d'un sens*, a vulgarism for *dans un sens*).
sergent chef: the rank in the French Army above *sergent* but below *adjudant*.
92. **O tombeau! O lit nuptial! O ma demeure souterraine!:** *cf.* Sophocles, *Antigone*:

> O grave, O bridal chamber; O thou deep
> Eternal prison house, wherein I keep
> Tryst with my people, the great multitude
> Below to Queen Persephone subdued.

Aux cavernes de Hadès: the expression does not occur in the *Antigone* of Sophocles, but Creon sneers at the Hades-worship which he sees in Antigone's reverence for the dead:

First I will lead her to some lonely land,
And, living, in a rock-fast sepulchre,
Leave her imprisoned. Food and drink for her,
A little, shall be set, lest it be said
We have sinned and on all Thebes a curse be laid.
Hades, the one god whom she worshippeth,
May hear her prayers and rescue her from death.
Else she may learn at last, when all is said,
'Tis waste-toil to think always of the dead.

. **De mon écriture:** 'In my handwriting.'

. **Et c'est à qui qu'elle est adressée?** 'And who is it addressed to?'

. **Son devoir lui est remis:** 'She is now absolved, released from her duty'; (*cf. remettre une offense à quelqu'un*, 'to pardon,' 'to forgive someone an offence').

c'est pas leurs oignons: 'it's none of their business' (*c'est pas*: a vulgarism, like *je voyais plus*; the Chorus has ironically fallen into their style of speech).